YANYE JINGYI WULIU
BIAOZHUN MOSHI YANJIU

# 烟叶精益物流
## 标准模式研究

主　编◎陈　鹏　　金茂竹
副主编◎王亚楠　　李文刚　　吴绍军
　　　　彭　勇　　顾云霄　　朱冉志
　　　　黄志海
参　编◎付志伟　　彭贤超　　闫　峰
　　　　周金晶　　和　洋　　胡万波
　　　　周先国　　吴　磊　　廖　科
　　　　李永国

四川大学出版社
SICHUAN UNIVERSITY PRESS

图书在版编目（CIP）数据

烟叶精益物流标准模式研究 / 陈鹏，金茂竹主编. 一成都：四川大学出版社，2023.5
ISBN 978-7-5690-6054-6

Ⅰ．①烟… Ⅱ．①陈… ②金… Ⅲ．①烟草—物流管理—标准—研究—中国 Ⅳ．① F259.22-65

中国国家版本馆 CIP 数据核字（2023）第 056759 号

| 书　　名：烟叶精益物流标准模式研究 |
| --- |

Yanye Jingyi Wuliu Biaozhun Moshi Yanjiu

主　　编：陈　鹏　金茂竹

---

选题策划：蒋　玙　周维彬
责任编辑：周维彬
责任校对：于　俊
装帧设计：墨创文化
责任印制：王　炜

---

出版发行：四川大学出版社有限责任公司
　　　　　地　址：成都市一环路南一段 24 号（610065）
　　　　　电　话：（028）85408311（发行部）、85400276（总编室）
　　　　　电子邮箱：scupress@vip.163.com
　　　　　网　址：https://press.scu.edu.cn
印前制作：四川胜翔数码印务设计有限公司
印刷装订：成都市新都华兴印务有限公司

---

成品尺寸：170 mm×240 mm
印　　张：7.25
字　　数：136 千字

---

版　　次：2023 年 5 月 第 1 版
印　　次：2023 年 5 月 第 1 次印刷
定　　价：98.00 元

---

本社图书如有印装质量问题，请联系发行部调换

版权所有 ◆ 侵权必究

扫码获取数字资源

四川大学出版社
微信公众号

# 序　言

为全面贯彻落实国家烟草专卖局推进精益管理工作总体部署，谋划推进《国家烟草专卖局办公室关于开展精益物流工作的指导意见》工作要求，深入践行四川省烟草专卖局（公司）"强党建、守底线、重创新、提质效、增活力"15字战略重点，针对四川部分烟叶产区烟叶收购进度慢、流通效率低等现状，四川省烟草专卖局（公司）坚持以夯实烟叶生产和管理"两个基础"，联合四川大学等"双一流"大学，共同开展"烟叶精益物流标准模式研究"，并将成果在凉山、攀枝花、泸州、宜宾、广元五个烤烟产区全面推广运用。

本书有效切入烟叶收购、仓储管理、调运流通三大环节以展开研究，全面分析凉山、攀枝花、泸州、宜宾、广元五个烤烟产区烟叶收储调环节的运营现状，查找制约效率和质效的难点和堵点，有针对性地开展研究攻关。通过优化市县两级运行管理模式，选配烟叶物流运输车型，强化数字信息化建设，深化精准指标化管控，研究了一套烟叶精益物流管理体系，开发了一套集数字化与系统化管理的运行框架，形成了一套"四长一度"的效能指标，打造了一套结合本地实际的烟叶精益物流标准管理模式，填补了四川省现代烟叶物流管理空白。

四川省烟草专卖局（公司）于2021年首次将烟叶精益物流标准模式研究成果纳入烟叶工作安排部署，有力地推动了烟叶流通管理高质量运行。2022年，又首次将烟叶流通管理效能指标纳入烟叶产区高质量发展评价指标体系，标志着精益管理项目成果真正进入烟叶流通管理工作中，融入四川省烟叶条线队伍的思想意识形态中，纳入四川省烟草商业高质量发展考评目标任务中，为四川省现代化烟叶高质量发展注入了强有力的科技支撑。从试点、示范到项目成果的全面推广应用，四川烟叶产区质效管理意识和烟叶工作运行效能明显增强，烟叶流通秩序持续提升，烟叶流通成本有效下降，烟叶"守底线、重创新、提质效"水平显著提高。自2021年研究成果全面推广应用以来，四川省烟叶收购时长从70天降到55天，在库时长从7天降到3~5天，调运时长从3

天降到1天，入库时长从1天降到0.5天；70%以上县级单位收购平准度下降到50%以内；烟叶流通节支总额达2051.05万元。

为总结推广四川烟叶精益物流标准管理模式成效，系统推进四川烟叶精益管理工作，着力提高烟叶生产经营管理效率和质效，促进四川现代化烟叶高质量发展、烟农增收致富，我们组织编写了《烟叶精益物流标准模式研究》。

本书共7章，包括概论、研究理论、四川省烟叶产区概况、四川省烟叶产区收调存环节精益物流评价指标体系构建、四川省烟叶产区收调存环节精益物流评价指标体系综合评价、基于收调存环节的烟叶精益物流关键指标实践研究、总结与展望。

在本书编写过程中，中国烟草总公司、四川省烟草专卖局（公司）、四川大学等单位的有关领导和专家给予了深切的关心和指导，对提纲审定、素材提供、内容编写、教材评审给予了全力支持，在此一并致谢。

由于时间和编写水平所限，书中难免存在不妥之处，恳请广大读者多提修改意见和建议，以便修订完善。

编 者

2022年11月

# 目 录

**第1章 概论** ……………………………………………………（1）
1.1 研究背景 …………………………………………………（1）
1.2 研究目的与意义 …………………………………………（2）
1.3 研究内容 …………………………………………………（4）
1.4 研究方法与技术路线 ……………………………………（4）

**第2章 研究理论** ………………………………………………（7）
2.1 国内烟草物流现状和研究 ………………………………（7）
2.2 烟草精益物流国内外研究 ………………………………（8）
2.3 烟草精益物流评价指标体系国内外研究 ………………（10）
2.4 烟草精益物流评价方法理论基础 ………………………（12）

**第3章 四川省烟叶产区概况** …………………………………（14）
3.1 四川省地市州烟叶产区精益物流发展情况分析 ………（14）
3.2 四川省烟叶产区收购环节情况分析 ……………………（15）
3.3 四川省烟叶产区调运环节流程情况分析 ………………（16）
3.4 四川省烟叶产区存储环节流程情况分析 ………………（16）
3.5 四川省烟叶产区收调存环节总览 ………………………（17）

**第4章 四川省烟叶产区收调存环节精益物流评价指标体系构建** ………（20）
4.1 收调存环节精益物流评价指标体系设计 ………………（20）
4.2 评价指标初步框架 ………………………………………（20）
4.3 评价指标体系确定 ………………………………………（22）

**第5章 四川省烟叶产区收调存环节精益物流评价指标体系综合评价** ………（29）
5.1 指标体系权重确定 ………………………………………（29）

5.2 结论 ………………………………………………………………（39）

**第 6 章 基于收调存环节的烟叶精益物流关键指标实践研究**………（42）
6.1 背景 ………………………………………………………………（42）
6.2 各地市州与试点单位 ……………………………………………（42）
6.3 2020 年试点收购点收调存基本概况 ……………………………（44）
6.4 2021 年全省及各产区试点收调存环节现状分析 ………………（64）
6.5 2021 年与 2020 年试点收购点"四长一度"对比分析 …………（69）
6.6 对策建议 …………………………………………………………（99）

**第 7 章 总结与展望**……………………………………………………（103）
7.1 领域的扩展 ………………………………………………………（103）
7.2 指标体系的扩展 …………………………………………………（103）

**参考文献** ………………………………………………………………（105）

# 第1章 概论

## 1.1 研究背景

近年来,随着精益理念在生产制造业中的传播,越来越多的其他行业也在借鉴工业精益物流的改善手法对自身供应链环节进行优化改善。而在烟草行业中,早在 2010 年,国家烟草专卖局就已经将烟草物流作为行业的核心业务,同时制定了顺应这一决策的烟草行业的"四个需求":第一,提升核心竞争力的需要;第二,建设烟草物联网的需要;第三,加快行业经济增长方式的需要;第四,掌控卷烟销售网络主体渠道的现实需要。随着"卷烟上水平"的策略工作要求的制定,以烟草供应链为主线的"精化流程、精确核算、精准运行、精到服务、精细管理"的国家工作要求,使精益改善在烟草行业的高质量推进发展变得更加关键。然而,一方面是烟草公司的精益物流发展仅仅停留在烟草物流从业人员根据从业经验发现问题以及寻找解决方案这一阶段;另一方面是烟草物流信息系统发展不够全面,部分地区没有引入信息系统进行统一管理,而且由于烟草种植地多处于小城市与农村地区,烟草收购存在批次多、批量不稳定的情况,直接引发后续的配送周期长、配送效率低等一系列问题。由此可见,烟草物流亟须发展。

自 2012 年国家烟草专卖局提出要加强烟草物流工作后,不断有学者发表烟草行业领域的精益物流改善案例,烟草领域的精益改善必要性日渐凸显,越来越多的学者将精益物流改善理念融入烟草领域中。其中国家烟草专卖局于 2014 年明确提出烟草物流发展需要提升的三个水平,即物流实体化、一体化与智能化水平。此外,国家烟草专卖局在近年的工作文件中,也不断提及精益思想对于开展烟草物流精益改善工作的必要性和合理性,并在 2014 年发出的《烟草专卖局(公司)办公室关于印发开展精益物流工作实施意见的通知》中提出持续提升物流管理运行水平的工作要点。2014 年开始,各省级烟草公司从各方面逐步开始开展工作。

随着国家烟草专卖局对于烟草精益物流改善的不断重视,相关理论研究和实际应用研究也在不断地深入,虽然针对烟草物流各环节存在的问题已有大多数学者提出多种可行的解决方案,但是烟草公司仍然缺乏一套合适的烟草精益物流评价指标体系,用来有针对性地考察烟草精益物流管理的改善效果,这一点迫切需要得到进一步改善。不少学者和专家指出,实施烟草精益物流管理的过程存在动态性和相对性,不同地区不同烟叶产区的烟草精益物流改善效果很难相互作为对比。从 2016 年起,部分学者专家逐渐对烟草精益物流改善效果考核指标这一领域进行了相关研究,但以现有的研究成果来看,仍然很难实际应用于烟草物流供应链的环节中,更不用说运用到精益物流的综合改善评价中。

由此可知,当下烟草公司在物流领域的精益改善工作正在逐步兴起但仍停留在各烟草物流供应链单个环节的问题挖掘上,且缺少对整体流程烟草精益物流评价的工具。基于此,本书研究了四川省 5 个地市州共 13 个试点的烟叶产区收调存环节流程运营现状和实际出现的问题,以期总结出切实可行的评价指标体系,形成烟叶精益物流标准模式。

## 1.2 研究目的与意义

### 1.2.1 研究目的

近年来,中国烟草总公司四川省公司发布了关于"开展烟叶产区精益物流"的相关政策、文件,提出"推进烟叶产区物流管理程序标准化、管理效率高效化、管理方式现代化,全面提升烟叶物流工作运行效率和工作水平"的工作要义,要求"构建统一、规范、高效的综合物流标准管理体系",将烟叶产区精益物流改善质量评价指标作为验收工作质量的重要工具。这对烟草精益物流改善发展起到了很大程度的推动作用。

本书的研究目的主要有以下三点:第一,建立可投入使用的烟叶产区收调存环节精益物流改善质量评价指标;第二,通过定性定量研究方法对四川省烟叶产区收调存环节精益物流改善质量评价指标体系进行客观科学的评价;第三,找出烟叶产区收调存环节精益物流改善质量评价指标体系中重要影响指标及其原因,并对重要影响指标提出改善建议。

## 1.2.2 研究意义

**1. 理论意义**

研究烟叶产区精益物流收调存环节改善效果的评价指标体系对烟叶产区烟草精益物流工作推进意义非凡，并且对加快推进烟叶产区烟草精益物流从发现问题、改善问题到下一个阶段的考核指标的制定具有非常关键的作用。尤其是国家烟草专卖局于2014年颁布关于重视烟草物流发展的相关文件，当前的烟草精益物流评价指标体系研究相对欠缺，仍然处于初始探索阶段，研究者更多的是侧重于如何将制造业精益思想融入烟草物流改善应用中，很少有人关注烟叶产区烟草物流使用精益思想改善后的效果评价指标的制定。本书将收集到的实地调研数据和其他资料整理为评价指标，在理论上通过实践案例丰富并完善烟叶产区收调存环节精益物流的评价指标体系，且对分析提炼出的重要影响指标进行研究，并给出改善建议。

**2. 实践意义**

通过构建烟叶产区收调存环节精益物流改善质量评价指标体系，根据项目工作采集相关数据进行实证研究，对重要影响指标进行分析，并给出相应改善建议。无论是对烟叶产区物流方面管理人员的管理流程，还是对参与烟叶产区收调存环节物流过程工作人员的工作内容的改善，都具有重要意义。具体表现为以下几点：

第一，很少有学者和物流管理人员对烟叶产区这一地点的物流流程进行研究，并且他们忽略了广义上的烟草物流是从原材料生产、收购、储存等一系列流通环节构成的。本书提出了烟草在烟叶产区从收购、调运、储存等流程的精益改善质量评价指标体系，并通过定性定量方法进行研究，在丰富了研究方法的同时能够结合实际对重要影响指标进行分析并给出改善建议。

第二，本书基于与四川省地市州烟草公司烟叶产区收调存环节的工作人员和管理人员进行的访谈，通过访谈内容建立四川省地市州烟草公司烟叶产区收调存环节VSM图，了解烟叶产区收调存环节中存在的物流活动、信息传递以及成本，同时通过文献研究法对烟草公司发布的精益物流改善管理指导意见以及部分学者对于烟草精益物流管理提出的观点，按照"1434"精益物流构建体系，建构了5个维度20个指标，具有一定的合理性和科学性，可直接运用于现实中的烟草行业精益物流改善质量考核和评价指标体系，有利于促进烟草精益物流管理模式趋于成熟，减少烟草物流研究改善的盲目性，从而间接提高烟草收调存环节效率。

第三，本书提出了两项模糊评价法作为评价方法。传统的烟草精益物流改善质量往往采用单个环节发现问题并采用经验型理论来解决问题，或者采用德尔菲法、定性分析等方法对其进行评价。本书以中国烟草总公司四川省公司提出的烟叶产区收调存环节精益物流改善项目为基础，构建出烟叶产区收调存环节精益改善质量评价指标，采用项目实地调研获得相关样本数据，运用两项模糊评价方法进行指标权重确定以及综合评价，构建出烟叶产区收调存环节精益物流改善质量综合评价模型，并根据模型评价结果对改进意见进行分析。

## 1.3 研究内容

（1）梳理相关文献资料，结合项目小组在实地考察收集的相关数据和与烟草物流从业者的访谈结果，以及"1434"精益物流指标构建框架图，构建烟叶产区收调存环节精益物流改善质量指标评价体系。

（2）运用构建的烟叶产区收调存环节精益物流改善质量指标评价体系，对四川省5个地市州13个烟叶产区试点的烟草收调存环节精益物流改善质量进行综合评价。

（3）运用灰色模糊评价法分析得出评价成果，根据结论给出相应的建议以改善烟叶产区收调存环节的精益物流。

（4）总结研究内容的不足以及未来的展望。

## 1.4 研究方法与技术路线

### 1.4.1 研究方法

1. 文献资料研究

本书主要依托中国烟草总公司四川省公司合作的研究项目——"烟叶精益物流标准模式研究"项目（合同编号：SCYC202015）在四川省5个地市州13

个试点调研所得到的数据，获得了与四川烟草省公司合作的科技公司建立的四川省烟叶产区烟草物流数据库中 2020 年烟叶产区试点烟草物流收调存环节相关数据信息。通过访问中国知网、Web of Science 等一系列科研网站，获得研究所需的中英文文献，完成选题和相关概念的梳理。之后，通过浏览各省市烟草公司在互联网上公开发布的关于烟草精益物流的指导意见和会议记录收集二手资料，对上述一手资料进行补充和完善。

2. 实地考察

在已有文献资料的基础上，笔者对上述项目所在地进行过实地考察，通过观察、查看地方收购记录等方法发现烟叶产区收调存各环节中出现的问题，并与多名四川省烟草公司烟草物流方面的专家针对实地考察发现的问题以线上和线下的方式进行交流，根据收集到的资料建立四川省烟叶产区收调存环节 VSM 图，对物流活动、信息传递等活动进行梳理，从而初步构建烟草收调存环节精益物流改善质量评价指标体系。

3. 指标体系评价

本书采用两项模糊评价法，对评价指标体系的 20 个指标计算其权重及评价值，并根据评价值和权重两个较为突出的指标对其进行分析，提出改善重点以及原因，并结合实际给出相应改善建议。

## 1.4.2 技术路线

本书的技术路线如图1.1所示。

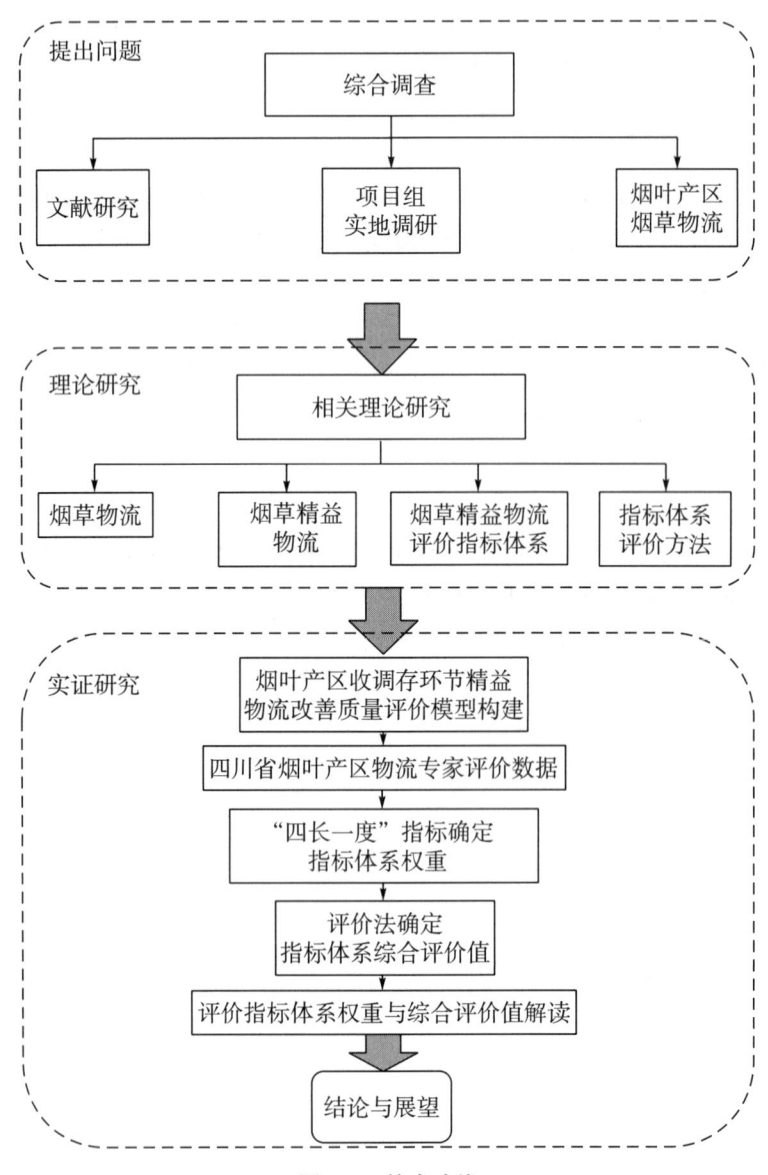

图1.1 技术路线

# 第 2 章　研究理论

本书的主要目的是构建烟叶产区收调存环节精益物流改善质量评价指标体系。笔者研究过程中获得了项目资源的支持，通过对相关烟叶产区、烟草物流等文献资料进行梳理，辅助构建了全书的理论框架。

## 2.1　国内烟草物流现状和研究

目前，烟草公司在烟叶产区覆盖到的管理范围一般是从种植地种植、烟叶收购、烟包运输、烟包储存整个过程以及其中存在的成本管理和信息管理。这使得烟叶产区物流的物流要素不仅包括运输、仓储、搬运、配送等常见的物流活动，也包括生产、收购、材料物资预收购等活动。烟草物流在考虑其物流要素组成部分的同时也要考虑到其建立的目的是优化其内部的物流活动，减少物流整体周期，以低成本实现整体效益的提高。

在我国，专卖专营制度确保了我们国家烟叶在行业份额的高占有量，但是也导致了行业内部各企业之间竞争意识淡薄，不会花费过多精力对烟草企业内部运作流程进行改善，使我国的烟草企业物流水平降低，企业中一小部分员工对精益物流等新概念的接纳度较低。随着社会的不断发展进步，企业在物流管理实践中，将降低物流成本作为企业提高效率、提升管理水平的重要途径。

由于我们国家烟草业的政策特殊性，烟草物流与其他行业的物流存在较大的发展差距：

（1）烟草物流受到区域地质的影响较大。烟草生产中不同类型烟草适合生长的区域不同，生长方式也不同，同时烟草保存的方式以及运输方式也会受到地质不同的限制。烟草物流需要对不同品级烟草进行管理，不同品级烟草按照品质的不同又分为上中下三个等级，这让烟草物流管理难度增大。

（2）烟草零售店较多，平均订单量较少，烟草行业存在 5 个层级的销售网络。因此，烟草每单零售量较低，并且烟草品种繁多，每种烟草需求量也不同，这对烟草生产管理有着较大的挑战。

（3）烟草生产到成为卷烟过程较长，不只是体现在烟草种植周期长和种植难度较高上，烟草进入烟草物流中心后码垛消毒也需要时间，之后进入复烤厂，复烤完成的烟草需要存储沉淀1~2年后方可用于卷烟制造，而烟草进行卷制成为卷烟也需要较长时间。

赵巨峰（2020）认为烟草物流是对烟草生产、收购、销售、逆向物流的各环节的有机结合，以极高的准确率和极低的物流成本将烟草送往各供应链环节主体中的活动。李光洋（2015）认为烟草供应链中供应链各环节主体主要包含烟草种植地农户、烟草加工企业、烟草商业企业和零售散户，进行相关物流活动最多的是收购、运输、存储。我国烟草系统一般可以分为烟草工业系统和烟草商业系统。罗南松（2015）认为烟草物流中有关烟草供应链上游的烟草原料收购、烟草运输和存储服务都属于烟草工业物流系统的一环。

由上文可知，烟叶产区收调存环节属于烟草供应链一环，且位于供应链最前端。烟草物流主要是一条包含种植地生产商、烟草加工企业、烟草商业企业和零售散户组成的供应链，在其中进行存储、运输和收购等物流活动，并且将所有物流活动进行统一管理和整合整体进度。

## 2.2　烟草精益物流国内外研究

精益物流管理起源于丰田精益生产方式，从中归纳总结形成主张消除浪费、提高效率、提高生产材料流动性的生产管理理论。精益强调及时化，否定了传统中大规模制造制度，提倡制造系统和信息系统相结合，减少生产工序之间的时间占用，空间占用，这种做法被称为精益思想。精益思想指的是花费最少的人力、物力创造最多价值的思想，减少或消除工厂生产过程中产生的浪费现象，提供为客户着想、让客户满意的产品。各行各业都开始对精益概念学以致用，改进自身不好的工作方式，提高自身企业的工作效率，减少资源的浪费。

生产力提升的同时，物流量也随之增大，间接地促进了物流企业的发展。随着精益思想的发展和在物流中的逐渐运用，精益物流思想随之产生，主导物流企业和其他企业内部的物流管理，为企业带来巨大的收益，为企业物流管理模式的转变提供助力。

目前，较难找到合适的烟草精益物流改善案例的文献资料，主要有以下两个原因：第一，国内烟草精益物流的发展才刚刚起步，国家尚未制定出烟草精益物流涉及的管理范围。第二，烟草精益物流改善方案中，涉及不同环节的具体改善流程，而我国烟草部门尚未给出确定性的指导大纲，在学术界往往是学者根据自己经验来提出解决方案。

由于国内外烟草行业发展路径和管理模式等大环境的不同，笔者在浏览烟草精益物流文献的同时，也同时参阅精益物流领域的文献资料。Bing（2014）等结合烟草行业的发展需求以及回顾供应链管理的发展历程和优势，总结出构建烟草供应链物流的综合措施。Qiu（2011）等通过分析精益物流的概念以及烟草行业对烟叶供应链精益物流改善的要求，提出了层次模块丰富的烟叶精益管理模式。Tian（2020）等基于云模型的精益物流模式，将烟草工业企业精益物流管理层次分为基础管理、成本、安全、效率、质量共五个层次。同为亚洲烟草销售大国的日本的发展与中国截然相反，1980—1990 年，日本政府取消对于烟草及其在制品的专卖专营制度之后，烟草的市场份额就逐步被跨国烟草公司占有，外烟销售量大涨。日本为保持国产卷烟在国内市场份额的合理水平，通过建立烟草物流服务网络公司开展物流流通服务来减少成本，确定了订货、卷烟、分类、送货、收款五个流程环节，并进行精益物流管理。

虽然国内烟草行业对于烟草精益物流管理的研究起步较晚，但仍有大量烟草物流行业从业人员对于烟草精益物流管理有自己独到的见解，在烟草精益物流管理概念界定方面进行了深入研究。叶岚（2015）通过调研四川省凉山州烟草物流中心的流程管理内容，发现车间、财务、库存、配送、安全共五个层次上的精益问题。张南（2019）将视野聚焦在烟草供应链中的收购一环中，认为烟草精益物流需同时考虑到烟草的收购环节，并且通过调研发现烟草质量问题和收购成本问题是烟草精益物流中需要着重关注的。迟宽良（2017）认为在烟草收购环节的精益管理模式中，需要重点考虑烟草公司对于管辖地区收购点收购的烟叶等级、质量、纯度的要求指标是否达标。韩占飞（2011）凭借在烟草物流领域 10 余年的管理经验，针对邯郸市烟草精益物流的质量、现场、制度建设、效率考核、成本控制等，建立改善发展路线。付秋芳（2007）深入研究福建省烟草公司物流现状，分析存在的问题，提出将上游烟草原材料产出、中游两家卷烟生产厂、下游烟草销售企业或者烟草零售店共建为一体式供应链，并引入物流管理理念对整个供应链各个企业物流进行集成，使烟草供应链上下游通过物流成为一个完整的整体。

综上所述，近年来精益物流相关的研究正在不断地从工业制造业扩展到农业中，而其中的烟草精益物流随着近几年国家烟草专卖局开展的烟草物流"卷烟上水平"核心战略被大量学者重视。大部分学者凭借自己在行业中的丰富从业经验，将烟草物流在当地的不同流程环节的问题梳理出来并进行讨论，同时在后续的调查研究中，很多学者发现烟草生产、收购、调运、存储等供应链所属的流程环节都需要精益物流管理理念来使上下游各体系融会贯通。上游烟草收购调运之所以是最重要的环节，是因为上游物流管理很大程度上影响到烟草收购周期长短、烟草运输次数等各方面的成本。

## 2.3　烟草精益物流评价指标体系国内外研究

烟草精益物流改善质量评价体系在推进物流体系效益提升中担任了非常重要的角色，在国内外的很多地方都使用精益物流改善后的绩效评定，通过评价指标体系来打分并用其对以后的改善方向做记录，因此评价指标体系也是工作评定的重要工具。然而，大多数从业人员都只关注某个环节稳定性或者效率是否提高，以此来判断工作效果的高低，对评价指标体系的重要性和内在作用的研究不足。

在国外，Liu 等（2015）建立了由物流成本、客服服务体验、运营管理、创新学习为评价指标体系的烟草商业企业精益物流运营管理与创新学习评价模型。Wichaisri 等（2017）旨在找出可持续发展、精益理念以及物流管理三者之间的关系，建立以不协调行为、熟练程度、合作程度和相互依赖程度命名的四个阶段性的概念性精益可持续物流评价模型。Jiang 等（2013）使用将平台的结构和功能模块设计紧密结合起来的物联网技术，推动烟草物流从自动化、信息化向物联网升级，通过提高管理水平以及使用全覆盖模式的烟包 RFID 技术，记录烟包在途数据，从而提高服务质量以达到降低现代烟草物流运营成本的目的。

在国内，近年来对烟草精益物流改善质量评价指标体系研究较为突出的是：吴霁霖等（2015）利用企业精益管理、作业效率、浪费情况、客户服务水平、员工素质、信息技术和物流成本 7 个因素建立指标体系，构建出一套山区烟草商业企业精益物流评价模型。张鹏洋（2016）以江苏徐州市烟草专卖局管理人员身份，提出 1 条主线、3 个目标、8 个指标、3 个支撑、5 精运作的"14835"卷烟配送精益管理模式。刘研等（2013）通过对比传统调运供应商与精益六西格玛调运供应商的管理方式和市场运作情况，以总成本、服务品质、物流能力、相容性、配合度为主要体系，构建了烟草精益物流改善质量评价指标体系。毕业等（2014）运用 MQP 模型建立准则层指标，利用领导、战略、组织、服务、资源、流程与现场、持续改进、结果 8 个决策准则来构建湖北烟草商业系统现代精益物流改进考评标准。李才艺等（2015）通过10余年在贵州省铜仁市烟草公司的工作经验，对精益物流管理进行分析理解，从管理成本、信息化程度、配送柔性三大方面构建烟草公司精益物流改进评价指标体系。蒋丽华（2011）主要研究精益物流过程绩效评价，从精益物流战略、现场、组织、质量、供应商/协作商和文化共六个层面构建烟草精益物流过程绩效评价指标体系。这些学者为烟草商业企业、烟草企业物流中心、烟草公司等处于烟草物流系统中的企业在精益改善指标体系构建的研究中给出自己独到的见解。

综上所述，现有烟草行业文献更多地侧重于精益思想的概念及其理论研究，对评价指标体系研究主要分为两种流派：第一种流派以精益管理的概念，对烟草商贸企业、烟草加工企业和仓储中心中存在的流程进行改善。第二种流派以成本管理为主要研究对象，仅研究烟叶流通流程中存在的各项复杂资本指标。

目前应用最为广泛的精益物流评价指标体系框架，是以精益思想中"流程可控，绩效可考，管理可视"为理论支撑的"1434"精益物流体系构建框架。该体系构建框架以国家烟草专卖局"卷烟上水平"中"高起点、高水准、求实效"的管控为标准，以创新思路、优化改善为主要目的进行构建，提供给烟草物流从业人员进行参考学习，如图2.1所示。

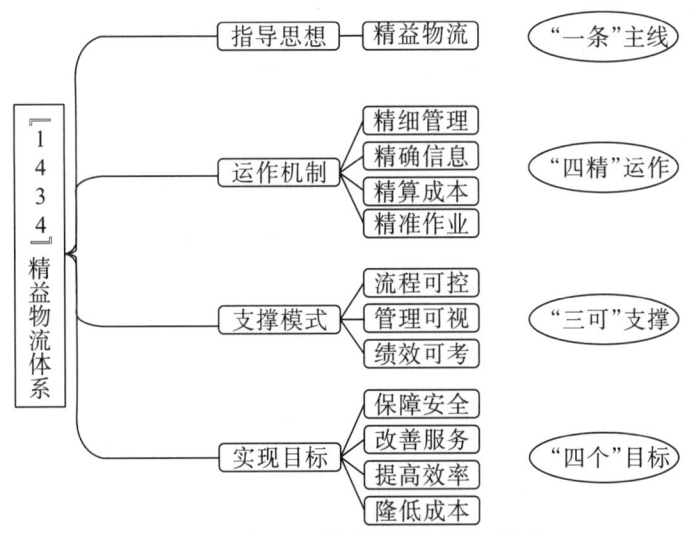

图 2.1　"1434"精益物流体系构建框架

## 2.4　烟草精益物流评价方法理论基础

黄小敏（2016）运用德尔菲法和调查法对定性指标进行评分，然后采用层次分析法（the Analytic Hierarchy Process，AHP）对各评价指标赋权，最后制定各个评价指标的评分标准，运用偏离积分法使指标科学有效地转化为分值。张婷婷（2016）针对山东省各地市州烟草贸易企业实地调研，以流程成本为调研对象建立指标体系，使用层次分析法（AHP）为指标赋权，然后运用定额管理理论确定人机定额标准，最后以偏离积分法为基础制订了指标打分方法。罗欢（2016）以烟草商业企业作为研究对象，采用层次分析法（AHP）方法对评价指标要素权重进行确定，以评价标准对指标进行评价，并联合专家进行最后的分值转化。

大部分学者均是构建成型的一套烟叶精益评价指标体系，并使用适合的评价方法对体系进行分析，在分析之前，一般会选用层次分析法作为指标权重分配的方法，以专家评分增加末一级指标对前一级指标的适应性。但在指标权重分配方面，可选择的方法很多，一般常用的是层次分析法和模糊综合评价法。其具体内容如下：

（1）层次分析法。

层次分析法以其定性和定量相结合地处理各种评价因素的特点，以及系统、灵活、简洁的优点，受到特别青睐。其特点是将人的主观判断过程数学化、思维化，以便使决策依据易于被人接受，因此，更能适合复杂的社会科学领域的情况。层次分析法的基础是专家对评价指标做出主观判断。此外，将层次分析法用于指标权重研究已经经过很多年的改进和提高，现在的层次分析法理论更加健全，使用层次分析法会使评价指标体系的结构更加完整，在解决问题上也更科学和合理。

（2）模糊综合评价法。

这种方法适用于定性指标和定量指标同时存在的评价指标体系的分析，模糊变量和量级变量之间的差异在于它不是用量表示，而是用自然表达或人工表达中的单词或语句。虽然模糊综合评价的指标量级不如纯定量指标的量级准确，但是模糊综合评价的概念提供了更贴近于生活中会遇到的各种疑难问题的解决方案的解释方法。总有一些问题存在定性化的研究对象，则可使用模糊综合评价法将定性指标通过模糊数来进行定量化的研究。

该方法存在两大优点：一是简单实用，将定性指标联合在一起，使繁杂的系统得到解析，便于人们接受；二是所需定量指标数据较少，便于简化数据收集和数据分析流程。但也存在两个明显的缺点：一是能够量化的资料较少，存在多数指标为语言数据，不易令人信服；二是只能通过构建体系进行归纳总结，无法为每一个指标定位所有信息。

烟草精益物流的评价工作较为复杂，大部分学者研究的方向都是烟草物流整个物流过程。由于从烟草收购到零售散户销售，整个过程物流活动、成本流动以及信息流动过于复杂，因此在设计能够评价烟草精益物流整个物流流程的指标评价体系时，需要考虑指标涉及的宏观性和合理性。而且对于指标评价方法的选取，也需要经验进行优劣的判断，同时考虑到烟叶产区领域尚未有标准的指标构建框架，使用模糊层次分析法能够较为合适地结合专家决策对指标进行评分。因此，本书采用以上两种方法结合构建评价指标体系模型，对探索性的指标体系评价能够进行合理科学的分析和判断。

# 第3章 四川省烟叶产区概况

## 3.1 四川省地市州烟叶产区精益物流发展情况分析

中国烟草总公司四川省公司在2017—2019年间，根据国家烟草专卖局对于"五精"的建设要求，以精化流程为抓手、精确核算为基础、精准运营为支撑、精准服务为核心、精细管理为保障，对烟叶产区的精益物流建设发展提供了大量可圈可点的操作空间。

（1）紧紧围绕"精益管理做除法"的主题，全面落实《烟草精益烟叶产区收购工作规划（2017—2020)》目标任务，通过开展精益烟叶十佳创建及评选活动，指导四川省地市州烟草系统、有序、持续深入开展精益烟叶产区收购工作，把精益烟叶工作进一步引向深入。

（2）四川省烟草公司引入精益六西格玛理论，将PDCA（Plan、Do、Check、Act，PDCA）、VSM（Value Stream Mapping，VSM）等先进精益六西格玛方法以及DMAIC（Define、Measure、Analyze、Improve、Control，DMAIC）、DMADV（Define、Measure、Analyze、Design、Verify，DMADV）操作流程带入实际使用，在烟叶产区中收调存环节，了解其中物流活动、信息传递以及成本构成，除去不必要的环节，提升信息记录的准确率，进一步简化流程，优化物流管理方法。

（3）根据中国烟草总公司四川省公司"543"工作法要求，按照"导理念、创机制、组团队、找问题、建模式、定规划、重分析、抓项目、促改善、固成果"精益烟叶推广步骤，全面开展精益烟叶工作，以效益、效率、服务三个维度，对烟草收购、烟包调运、烟包入库存在的浪费情况进行分析，找出浪费节点，并有针对性地采取措施进行改善。

（4）中国烟草总公司四川省公司与中科院成都信息技术股份有限公司（以下简称"中科"）建立烟草物流信息管理系统，并建立烟叶产区烟草物流烟包信息数据库，使用 RFID（Radio Frequency Identification，RFID）电子标签技术，记录烟包从收购、包装、制定编码到烟包入库扫描编码数据，整个时间段烟包所在地以及出库、入库、上车、下车、入库等各环节时间节点。这对烟包信息精准管理非常重要，同时也对后续的收调存环节精益物流改善提供信息基础。

（5）四川省地市州烟草公司，努力完善"1144"精益烟叶支撑模型，开展层层宣贯培训，邀请资深专家教授提供精益工具的使用方法，深入导入精益管理思想。

（6）烟叶产区收调存环节在实际管理上存在不少困难，收购环节大多发生在烟草收购站点之内，调运管理一般承包给第三方物流公司，烟叶入库存储环节又在烟草仓储中心，三个环节发生在不同的地点。这给烟叶产区收调存环节管理增加了难度，但是四川省地市州烟草公司对于烟叶产区收调存环节的管理也在逐渐完善之中。

## 3.2　四川省烟叶产区收购环节情况分析

四川省烟叶产区收购站点的收购环节，处于烟草供应链最上游，每年中国烟草总公司四川省公司都会辅助各地市州开展烟田治理、烟农帮扶，同时对烟叶收购站点提出年度工作要点，要求对烟叶收购流程工作进行优化，明确烟叶收购时间段为9月初到11月下旬。部分精益物流改善得比较好的产区，能够在一个月之内完成收购任务。四川省烟叶产区收购流程如图3.1所示。

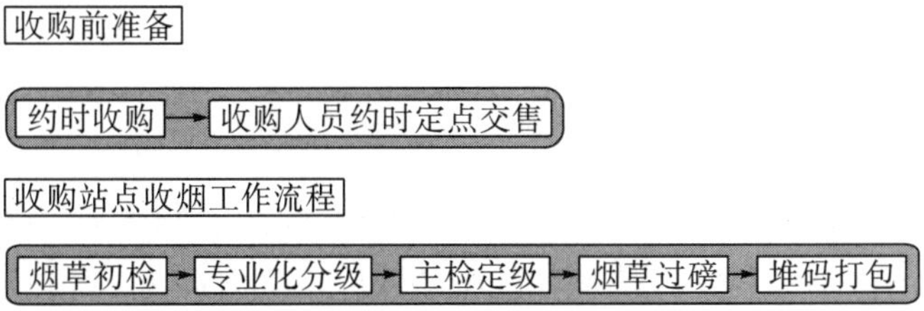

**图 3.1　烟叶产区收购环节流程**

其中，约时收购环节是整个收购流程最为重要的一环。约时收购始于2019年，其目的是利用APP让烟农能够有序有计划地进行烟叶收购，减少等待时间。但是由于烟农知识水平不足，接受度不高等，约时收购工作进展较为缓慢。在收购站点进行的收购过程，有初检、分级、定级、过磅、堆码、打包六项流程，其中烟草初检是负责对烟草质量、损伤等要点进行检验，以确定是否对烟草进行收购。专业化分级和主检定级环节是针对烟草的质量情况，为烟草进行等级判断，将烟草等级分为上中下三个主等级。而烟草过磅环节主要是将每担烟草包装成四十公斤的烟包，方便后续的调运及烟包上编码，而在收购环节中的烟包信息登记是堆码打包时微机操作人员负责登记上烟包编码。

烟草收购环节是整个烟叶产区收调存环节的上游环节，其重要性不言而喻。四川省烟草公司对各地市州的烟叶产区烟草收购环节的效率问题也做出了很多改善，紧抓单个站点收购规模，以便烟草能够做到及时调运，采取"一个磅组、一套人马、约时收购"方式严格把守每日收购量的稳定，推行精益物流，使得烟草站点收购环节精简化，制定标准考核表，着力提升单个收购站点投入产出效率，完善收购环节管理制度和流程。

## 3.3 四川省烟叶产区调运环节流程情况分析

四川省烟叶产区调运环节是省内各地市州烟叶产区供应链的中游部分。中国烟草总公司四川省公司每年都会招标，选择一个合适的第三方物流公司完成烟草调运。

烟叶产区调运环节流程如图 3.2 所示。

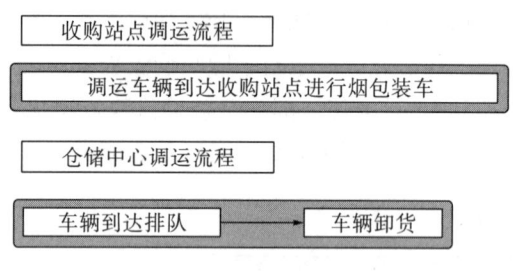

图 3.2 烟叶产区调运环节流程

成本的构成是烟草调运环节要求最严格的部分，一般情况下，是按照烟叶收购担数进行计费，同时也会考虑到收购站点烟包装车用时以及调运车辆在到达仓储中心后受到排班的影响造成的排队时长用时，因此，烟草公司收购站点收购环节和仓储中心存储环节的工作流程是否优化，会间接影响调运环节的成本高低。

## 3.4 四川省烟叶产区存储环节流程情况分析

国家烟草专卖局早在 2017 年就对烟叶产区中仓储中心存储环节提出了"坚定不移提高效率"的要求。仓储中心现阶段工作流程较为复杂，导致排班效率不高，调运车辆到达仓储中心后，都会出现较长的等待时间。因此，优化仓储中心工作流程和提高工作效率的要求是现阶段四川省烟叶产区存储环节最为重要的工作。

烟叶产区存储环节流程如图3.3所示。

仓储中心烟草入库工作流程
烟包卸车入库→烟包核检→烟包编码扫码→烟包堆垛打包→烟包进库

**图3.3 烟叶产区存储环节流程**

在仓储中心烟草入库工作流程中，烟包核检环节是耗时最长的一环，不仅要检查烟包重量和质量，同时也要检查烟包质量能否达到相应的等级。对核检出现问题的烟包需要返还进行重新打包；而核检查通过的烟包，则编码扫码，将烟包入库时间点信息进行传递。在扫码结束之后，对烟包进行堆垛和打包，然后完成入库活动，并且在货架中接受消毒以增长保存时间。

四川省烟草公司对于仓储中心的工作流程和精益物流改善极为重视，在2017年展开的精益物流改善工作中，仓储中心由于其固定性和流动量大等特征，是最早接受精益物流宣传和改善的一环。目前，仓储中心对于烟草入库环节的工作已经优化了5个流程、取消了3个岗位，但是调运车辆的排班问题仍然没有得到改善。这一问题现已纳入降低成本、提高效率的精益物流进一步改善工作中。

## 3.5 四川省烟叶产区收调存环节总览

### 3.5.1 四川省烟叶产区收调存环节流程调查

根据以上几节收集整理的信息，结合丰田精益制造的VSM图对四川省烟叶产区收调存环节信息物流线程进行梳理（图3.4），了解流程中产生的物流活动、信息活动以及成本流动等，并总结出各环节适合的评价指标。

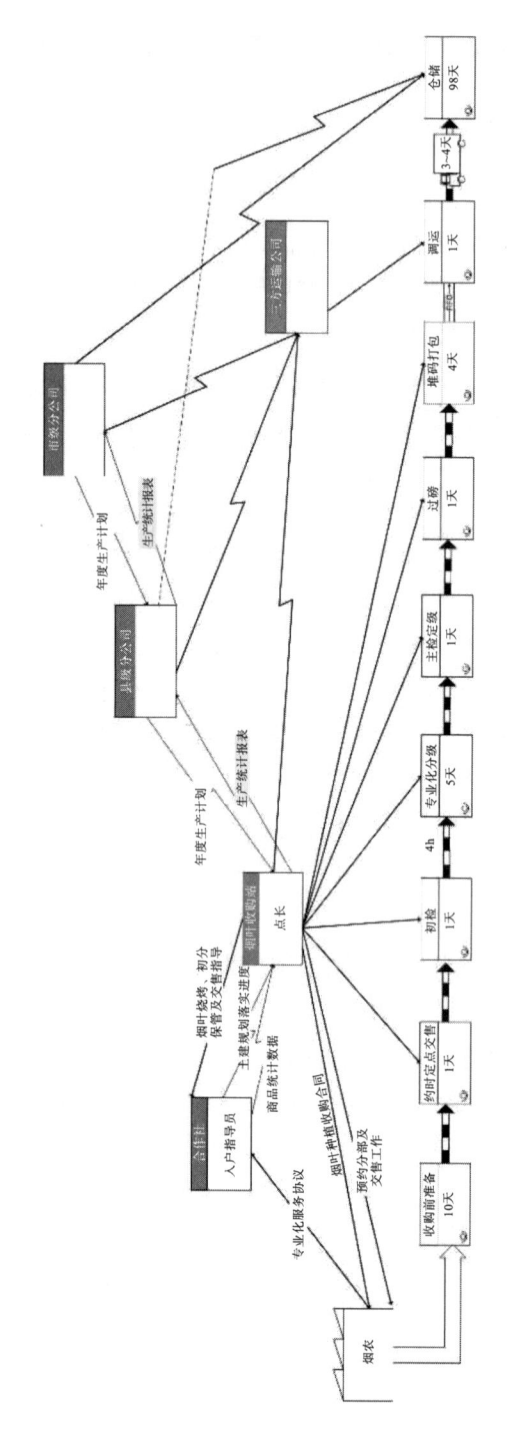

图3.4 四川省甘孜州烟叶产区收调存环节VSM

## 3.5.2　四川省烟叶产区收调存环节出现的问题

对于四川省烟叶产区收调存环节出现的问题，本书给出以下几点：

(1) 四川省烟叶产区收购站点收购流程中，由于部分农户不遵守约时收购的工作要求，每日收购烟草的重量以及打包量无确定性，因此用于进行衡量的指标烟草收购平准度过低。同时，中国烟草总公司四川省公司对烟包在库时间有严格规定，不得超过3天。但在实际操作中，收购站点的烟包存在在库时长超过3天，甚至长达5天的情况，导致调运车辆无法正常收货。

(2) 四川省烟叶产区调存环节工作流程中，第三方物流公司通常根据各收购站点的预测收购量进行车辆配置调整。由于预测的烟包收购量不准确，大部分班次调运车辆中总是包含在库时长超过3天的烟包，导致计算烟包调运及时率出现差错。为了弥补这样的问题，小部分物流公司在烟包未装满的情况下，就进行车辆调运行为。虽然这在表面上缓和了烟包调运及时率的数据问题，但是仍然存在部分车辆资源被无意义占用。在仓储中心中，调运环节仍存在不小的问题，大部分的调运车辆到达仓储中心之后，都会出现长时间排队的情况。排队等待是对调运车辆资源的再一次浪费。

(3) 四川省烟叶产区存储环节工作流程中，烟草入库也同样存在排队等待时间超过两小时的问题。原因一般有两种：一种是烟草仓储中心与物流公司沟通排班上的失误；另一种是烟包入库工作流程中复检等环节时间过长的情况，导致前后到站的调运车辆之间出现等待时间，因此造成了排队时间过长的问题。同时，烟草仓储入库时长也参差不齐，也就是说烟草仓储中心无法保证烟草入库时间的平稳性，目前的烟草入库流程需要被优化。

(4) 四川省烟叶产区对于收调存环节中出现的信息管理存在部分问题。首先是烟草打包和入库期间的时间点，由于打包和入库的烟包过多，很多时候微机操作人员都是等同一批次烟包全部打包和入库完成之后进行时间点录入，导致部分烟包的打包入库时间点相同，且对每日打包效率、入库效率的计算会造成影响。其次是调运车辆可能会存在调运烟包量不足而往返两个收购站点的情况，而此时第一个收购站点的烟包数据会在入库时登入第二个收购站点，不仅会造成信息错误，也对信息管理造成影响。

# 第4章 四川省烟叶产区收调存环节精益物流评价指标体系构建

由第2章归纳整理出来的理论知识为本章所要构建的烟草收调存环节精益物流改善质量评价体系提供了理论帮助，本章为了进一步构建出合理合适的评价体系，将以国家烟草专卖局提出的烟草行业精益物流评优五大方面即组织保障、管理机制、活动开展、效果体现、创新体现作为主要参考。基于参与项目实际遇到的情况，依据客观的资料选取原则建立合适的烟草收调存环节评价体系。同时基于第3章对所选定方式的理解归纳，采取FAHP（Fuzzy Analytic Hierarchy Process，FAHP）赋权联合确定各个指标的权重，采用灰色模糊评价法构建合适的烟叶产区收调存环节评价模型，为实证分析奠定基础。

## 4.1 收调存环节精益物流评价指标体系设计

为了更加全面地对烟草收调存环节精益物流改善质量进行调研，构建合理客观的烟草收调存环节精益物流改善质量评价指标体系，主要是针对四川省地市州烟草收调存环节精益物流改善质量评价指标体系，使制定的指标体系能够足够完善并且适合对收调存环节精益物流改善质量进行准确评价，确保指标的科学合理，因此，本书从以下几方面对指标进行选取。

## 4.2 评价指标初步框架

为了能够成功构建烟草收调存环节精益物流改善质量评价指标体系，笔者采取以下三个步骤来进行辅助和精确。

第一，对相关文献和烟草公司的相关文件进行综述，形成烟草精益物流的评价指标对照表（表4.1）。

# 第4章 四川省烟叶产区收调存环节精益物流评价指标体系构建

**表4.1 评价指标对照表**

| 时间（年） | 学者 | 烟草精益物流评价指标 |
|---|---|---|
| 2011 | 蒋丽华 | 战略、现场、组织、质量、供应商/协作商、文化 |
| 2011 | 韩占飞 | 质量、现场、制度建设、绩效考核、成本控制 |
| 2013 | 刘研 | 总成本、服务品质、物流能力、适宜性、配合度 |
| 2014 | 毕业、聂新、杨明、李静静 | 领导、战略、组织、服务、资源、流程与现场、持续改进、结果 |
| 2015 | 吴霁霖、王茂春 | 企业精益、作业效率、浪费情况、客户服务水平、员工素质、信息技术、物流成本 |
| 2015 | 李才艺、杨偈 | 管理成本、信息化水准、配送柔性 |
| 2017 | Wichaisri S、Sopadang A | 不协调行为、熟练程度、合作程度、相互依赖程度 |

第二，为了更全面地对烟草收调存环节精益物流改善质量评价指标进行探讨，笔者同时也采用开放式访谈与各烟叶产区的工作人员和管理人员进行沟通，目的在于了解烟草收调存环节中的物流流程、信息传递以及成本构成。访谈内容主要围绕四川省地市州烟草收购站点的烟草收调存环节现状态进行，以及烟草收调存环节中需要关注的指标影响因素。访谈的具体问题提纲见表4.2。

**表4.2 四川省地市州烟草收购站点工作人员与管理人员的访谈提纲**

| 影响因素 | 解释说明 | 来源 |
|---|---|---|
| 收购站点管理 | 收购站点管理分为三个阶段：收购开始前约时收购、收购中烟草收购流程、收购后烟包调运 | 工作人员 |
| 收购环节中可能存在的精益点 | 日收购烟包要求、烟包在库时长限制 | 管理人员 |
| 烟包调运管理 | 烟包调运阶段管理：车辆管理、调度次数管理以及物流调运成本计算 | 工作人员 |
| 调运环节中可能存在的精益点 | 车辆配置、每批次调运量 | 管理人员 |
| 仓储中心入库管理 | 仓储中心入库管理分为两个阶段：调运车辆入库等待管理、烟包入库流程管理 | 管理人员 |
| 仓储环节中可能存在的精益点 | 调运车辆排队调度、烟包入库效率 | 管理人员 |
| 烟草收调存期间成本管理 | 烟包一次性费用、临聘人员费用 | 工作/管理人员 |
| 收调存环节中可能存在的精益点 | 收购周期减少、烟包收购量预测 | 工作/管理人员 |
| 中科合作信息管理 | 信息传递、信息保存、信息完整 | 工作/管理人员 |

## 4.3 评价指标体系确定

综合以上信息，本书进而整合出由 5 个指标和 22 个子指标所构成的烟草收调存环节精益物流改善质量评价指标体系，初选指标见表 4.3。

表 4.3 烟叶产区收调存环节精益物流改善质量评价指标体系框架

| 目标层 | 准则层 | 指标层 |
|---|---|---|
| 面向烟叶产区收调存环节精益物流改善 A | 收购管理 $B_1$ | 烟包收购时长 $C_1$ |
| | | 约时收购普及率 $C_2$ |
| | | 日收购平准度 $C_3$ |
| | | 日打包效率 $C_4$ |
| | | 烟包在库时长 $C_5$ |
| | | 收购站点安全管理 $C_6$ |
| | 调运管理 $B_2$ | 调运及时率 $C_7$ |
| | | 车辆满载率 $C_8$ |
| | | 调运车辆平均配送量 $C_9$ |
| | 存储管理 $B_3$ | 烟包运输时长 $C_{10}$ |
| | | 调运车辆排队时长 $C_{11}$ |
| | | 烟包入库时长 $C_{12}$ |
| | | 卸车人员效率 $C_{13}$ |
| | 成本管理 $B_4$ | 仓储中心安全管理 $C_{14}$ |
| | | 收购站点临聘人员人工费用 $C_{15}$ |
| | | 烟包易耗物料费用 $C_{16}$ |
| | | 仓储中心临聘人员人工费用 $C_{17}$ |
| | | 总物流费用 $C_{18}$ |
| | 信息管理 $B_5$ | 信息处理及时性 $C_{19}$ |
| | | 信息传递准确率 $C_{20}$ |
| | | 信息安全管理 $C_{21}$ |
| | | 信息完整率 $C_{22}$ |

本书构建的烟叶产区收调存环节精益物流改善质量评价指标体系一共存在 3 个层次，分别为目标层、准则层和指标层，其中准则层有收购管理、调运管理、存储管理、成本管理、信息管理共 5 个指标，并且指标层将这 5 个指标细分为 22 个子指标，准则层和指标层中的指标具体含义如下。

## 4.3.1 收购管理

收购管理包含 6 个子指标，分别为烟包收购时长、约时收购普及率、日收购平准度、日打包效率、烟包在库时长、收购站点安全管理。

(1) 烟包收购时长。

烟包收购时长，是各收购站点烟叶收购开秤时间到烟叶收购闭秤时间的时长，其计算公式如下：

$$烟包收购时长 = 烟叶收购闭秤时间点 - 烟叶收购开秤时间点$$

(2) 约时收购普及率。

约时收购，是由四川省烟草公司制定的以辅助收购站点进行收购的一项政策，它主要的内容是指在开始开放烟草收购之前，由收购点工作人员根据每日收购量的估算，对从收购日开始每日需前往收购站点交烟的农户数进行规划。但是由于约时收购需要运用到 app 等软件，受教育程度低的农户接受度较低，同时这项政策发布时间较晚，于是这项指标便开始反映出计划收购的普及程度，其计算公式如下：

$$约时收购普及率 = \frac{参与约时收购农户数}{收购站点负责农户数} \times 100\%$$

(3) 日收购平准度。

日收购平准度，指的是在收购期间内，科学地编排、组织收购站点每天收购烟叶的质量，使其保持在一个平稳的数量值或数量值区间。这是由丰田精益生产演变而来的。具体而言，烟叶收购平准度由收购期间内的日收购离散系数表示（即收购总量标准差与日收购量平均值的比值），离散系数值越低表明日收购量越趋于平稳；反之，则日收购量的离散程度越大。其计算公式如下：

$$日收购平准度 = \frac{收购总量标准差}{日收购量平均值}$$

(4) 日打包效率。

日打包效率是在收购量平准度后，用来辅助衡量约时收购一天能够收购烟草重量的最大承载量，这样可以辅助计算每天可以约定交烟的农户数。同时，日打包效率可以通过每天第一包烟包打包时间点与最后一包烟包打包时间点的差值来进行计算。

$$日打包效率 = \frac{每日最后一包烟包打包时间点 - 每日第一包烟包打包时间点}{每日工作时间} \times 100\%$$

(5) 烟包在库时长。

烟包在库时长是衡量精益物流改善质量的关键，四川省烟草专卖局（公司）2020 年于《四川省烟叶精益化物流研究》文件中规定每个烟站收购点，烟包在库时长不能超过 3 天（即 72 小时），对于采用了中科设计的烟草信息数据库的烟草站点，可以通过查找每一班次运烟车中所装烟包的烟包打包时间点与运烟车开车时间的差值来查看每班次运烟车所有烟包在库时长。

烟包在库时长 = 每班次运烟车开车时间点 - 每班次运烟车所装烟包打包时间点

(6) 收购站点安全管理。

收购站点安全管理是日常维持烟草收购正常秩序的关键点，包括工作流程的正常操作、烟包包装仪器的维修、日常消防问题、损伤烟草问题等。烟草收购站点安全是有一套操作流程规范的。

### 4.3.2 调运管理

调运管理包含 4 个子指标，分别是调运及时率、车辆满载率、调运车辆平均配送量、烟包运输时长。

(1) 调运及时率。

根据四川省烟草专卖局（公司）的文件中规定，每个烟站收购点，烟包在库时长不能超过 3 天。因此，每班次运烟车中存在一定数量以上的超过 3 天没有调运的烟包，导致调运及时率变化，计算公式为：

$$调运及时率 = 1 - \frac{每班次运烟车超过3天的烟包数量}{每班次运烟车总烟包数量} \times 100\%$$

(2) 车辆满载率。

为满足烟包在库时长不能超过 3 天的规定，部分班次车辆可能无法达到满载就出发进行调运活动，为了满足烟草精益物流思想，本书将其视为必须尽量满足每班次满载，间接影响调运能力提高才能满足烟草精益物流思想。其计算公式为：

$$车辆满载率 = \frac{车辆未达到满载的班次数}{收购站点总班次} \times 100\%$$

(3) 调运车辆平均配送量。

调运车辆平均配送量，指的是每个烟草收购站点在配送烟草过程中会选择一个收购期运烟车载货量，一般是固定的。在收购之前选择本收购期的运烟车，为了满足车辆满载率以及调运及时率，需要考虑到不同区域对于收购期选择的运烟车的载货量是否合理以及配送车辆工作效率的问题。其计算公式为：

$$调运车辆平均配送量 = \frac{收购期车辆调运总量}{调运车辆总数}$$

（4）烟包运输时长。

烟包运输时长，指的是调运车辆从收购点到仓储中心的时长，烟包运输时长的检测可为运输环节成本的优化做好基础。其计算公式如下：

烟包运输时长 = 调运车辆到仓储中心时间点 − 调运车从收购点出发时间

### 4.3.3 存储管理

存储管理包含 4 个子指标，分别为调运车辆排队时长、烟包入库时长、卸车人员效率和仓储中心安全管理。

（1）调运车辆排队时长。

调运车辆排队时长，指的是调运车辆到了仓储中心之后等待卸车的时长。调运车辆排队时长总的来说应该越短越好。而且可以用调动车辆排队时长来衡量仓储中心对于车辆调度问题的处理，以及收购站点之间信息交流程度的问题。其计算公式如下：

调运车辆排队时长 = 调运车辆烟包下车时间点 − 调运车辆到仓储中心时间点

（2）烟包入库时长。

烟包入库时长，指的是烟包从调运车辆下车时间点到烟包进入仓储中心，经过检验流程之后登记进入仓储中心数据库的时间点之间的时间，烟包入库时长检验的是仓储中心对于烟包入库流程的优化和烟草入库效率的优化。其计算公式如下：

烟包入库时长 = 烟包入库时间点 − 调运车辆烟包下车时间点

（3）卸车人员效率。

卸车人员效率，指的是第一包烟包从调运车辆下车到最后一包烟包从调运车辆下车的时间和人数之比。一般地，卸车人员是仓储中心的临聘人员，因此每个收购期的卸车效率都会出现较大的波动，但是对于精益物流来说，卸车效率是必须纳入仓储中心入库效率的考虑点。其计算公式如下：

$$卸车人员效率 = \frac{最后一包烟包从调运车辆下车时间点 − 第一包烟包从调运车辆下车时间点}{卸车人员人数} \times 100\%$$

(4）仓储中心安全管理。

烟草包装成烟包进入仓储中心之后，大约需要经过15个环节才能正式入库，并提交烟包信息到系统。其中每一个环节都需要不同的仪器设备，因此为了整体效率以及烟包的完整率，对每一个环节中仪器设备的检修都是非常重要的，同时在消防和提高仓储中心15个环节物流效率上，也是需要精益物流方法辅助区域摆放和急救箱、灭火器等物品摆放。

### 4.3.4　成本管理

成本管理共包含4个子指标，分别是收购站点临聘人员人工费用、烟包易耗物料费用、仓储中心临聘人员人工费用、总物流费用。

（1）收购站点临聘人员人工费用。

收购站点收购环节一般分为初检、分级、过磅、堆码、打包和装卸环节。由于很难对体系内部的员工的人工费用进行调整，因此要大幅降低精益物流成本，就需要减少收购周期，同时控制临聘人员人工费用。厘清收购站点临聘员工人工费用明细，是整理和规划精益成本的基础。其计算公式如下：

收购站点临聘人员人工费用＝初检、分级、过磅、堆码、打包及装卸环节临聘人员人工费用＋微机操作临聘职员人工费用＋仓储临聘职员人工费用

（2）烟包易耗物料费用。

烟包易耗物料费用是指包装烟包需要的一次性物料，包括标签、麻线、麻片、麻绳等。虽然其单价很低，但烟草公司每年都会以未来的收购量进行一次性包装烟包预购买。因此，预测第二年的收购量对于一次性物料费用的成本影响较大，同时一次性物料费用的降低也会表明烟草公司对第二年的收购量的预测非常准确。其计算公式如下：

易耗物料费用＝标签、麻线、麻片、麻绳等一次性物料数量×标签、麻线、麻片、麻绳等一次性物料单价

（3）仓储中心临聘人员人工费用。

仓储中心入库环节分为卸车、入库、核检等环节，一般会存在临聘人员的环节包括卸车、入库、核检辅助、微机操作、清洁等环节，在精益物流成本中占比较大，要想控制仓储中心临聘人员人工费用，就需要厘清仓储中心临聘人员人工费用明细，同时这也是整理和规划精益物流成本管理的基础。其计算公式如下：

仓储中心临聘人员人工费用＝卸车、入库、核检辅助、微机操作、清洁环

# 第4章 四川省烟叶产区收调存环节精益物流评价指标体系构建

节临聘人员人工费用

（4）总物流费用。

四川省烟草专卖局（公司）在调运环节一般会采用第三方物流公司招标的环节来选择合适的物流公司进行烟草调运。在烟草调运中，其物流成本是以元/担为单价来进行计算，为了降低调运环节总物流费用，需要对收购站点运输车型的选择进行预处理，预估收购周期收购量，等等。因此，总物流费用不仅是精益物流成本的构成，同时也反映了精益物流改善质量问题。其计算方式如下：

$$总物流费用 = 调运费用 \times 次数 + 每担运输成本 \times 担数$$

## 4.3.5 信息管理

信息管理包含4个子指标，分别是信息处理及时性、信息传递准确率、信息安全管理、信息完整率。

（1）信息处理及时性。

不及时的信息处理往往会导致时间点的错乱，同时对数据也会产生不同于其他时间节点的相对较长的时间长度的错误，对后续对应数据的统计分析会造成严重的影响。因此，烟草收调存环节信息处理及时性在于及时将烟草烟包动向的每一个节点时间点进行登记。本书以数据中检查到前后两个时间节点较长于其他相同时间节点的数据点进行统计并总结描述。其计算公式如下：

$$信息处理及时性 = \frac{总烟包数据量 - 数据中时间节点相对较长的数据点}{总烟包数据量} \times 100\%$$

（2）信息传递准确率。

信息传递中可能会出现工作人员失误或者其他意外情况，使得异常数据产生，对数据管理以及后续利用数据的统计分析会造成影响。本书将信息传递准确率定义为检测到数据中时间节点偏异过大的情况，定位为信息传递准确性出现问题。其计算公式如下：

$$信息传递准确率 = \frac{总烟包数据量 - 数据中时间节点偏差过大的数据点}{总烟包数据量} \times 100\%$$

（3）信息安全管理。

四川省烟草专卖局（公司）已经与中科合作建立烟包物流数据库，因此该公司对四川省烟草专卖局（公司）的烟草物流信息完整率和保密性负责，同时，尽量确保信息传递过程中信息不会丢失或者记录错误，这些都是信息安全管理的关键点。

(4) 信息完整率。

在接收中科烟草物流信息中遇到部分信息缺失的情况,一般是因为信息本身收录不全或者信息收录过程中出现信息缺失等情况,信息完整率是进行精益物流信息管理的关键所在,也是后续进行信息处理以及数据分析的关键。本书将信息完整率定义为烟包数据缺失部分,烟包编码数据与实际烟包收购量不同。其计算公式为:

$$信息完整率 = \frac{烟包实际剩余数据量}{烟包总数据量} \times 100\%$$

# 第5章 四川省烟叶产区收调存环节精益物流评价指标体系综合评价

在大环境下的精益思想不断发展的现在，四川省烟草专卖局（公司）于2017年开始推进烟草精益物流的工作，本书正好衔接在四川省烟草精益物流发展的初级阶段中，并根据与中国烟草公司四川省公司合作的研究项目——"烟叶精益物流标准模式研究"项目（合同编号：SCYC202015），收集到了四川省5个地市州共13个试点中选取的烟叶产区试点信息，将其转化为指标体系，采用合适的方式对其举行划分权重、综合评价，从而为四川省烟草专卖局（公司）发展烟叶产区精益物流助力。

## 5.1 指标体系权重确定

### 5.1.1 指标体系构建步骤

1. 指标体系构建

本书目的是为四川省地市州烟叶产区收调存环节精益物流改善质量评价构建指标模型，并作出科学合理的评价。本书以中国烟草总公司四川省公司的烟叶精益物流标准模式研究项目为研究对象，通过收集资料、实地考察、专家访谈、分析中科烟包数据等过程，整理数据并设置分析步骤和思路，具体流程如下：

（1）确定研究对象。本书研究对象为目前研究较少的烟叶产区收调存环节，因其管理跨度大，且物流活动、成本管理、信息传递等过程均过于复杂，成为目前四川省烟草精益物流发展的一大难题。攻克下这一难题能给予烟草公司在烟叶产区更大的效益，在理顺收调存环节中各种活动过程的同时，也能使之后的管理改善有例可循。

（2）指标选取。本书严格按照"1434"精益物流指标构建框架图以及在四川省地市州烟叶产区实地考察的资料进行指标的选取，大部分定量指标均可在烟包数据库中通过数据分析得出。因此，指标间相关性较小，符合科学性和合理性原则。

（3）分析数据并辅助专家评价。因确定的指标中存在部分指标为定量指标，而定量指标即使在了解数值的情况下也很难对其进行评价。因此，本书将项目调研中获得烟包数据进行分析，总结出部分定量指标的数据，展示给专家，以便专家结合经验给出客观评价。

（4）确认指标权重分析方式和指标综合评价分析方法。针对细化后的指标特征，了解定量指标与定性指标科学性、合理性的分析方法，完善评价指标的分析步骤，确认指标间的结构关系，构建合适的烟叶产区收调存环节精益物流改善质量评价指标。

2. 辅助专家评价数据分析

由4.3节中的指标以及指标表现形式，本书将其中的定量指标数值通过项目组收集的资料进行数据分析，从而列出数据辅助评分表，以便专家进行指标评价。由于地市州烟叶产区试点较多，现以广元汉阳烟叶产区试点收集到的数据为例进行分析，具体见表5.1。

表5.1 烟叶产区收调存指标数据辅助评分表

| 指标层 | 数据层 | 备注 |
| --- | --- | --- |
| 烟包收购时长 $C_1$ | — | |
| 约时收购普及率 $C_2$ | 63.64% | 28户已通知并接受/44户总户数 |
| 日收购平准度 $C_3$ | 46.41% | 日收购均值154.55包/日，标准差71.72 |
| 日打包效率 $C_4$ | 0.08 小时/包 | |
| 烟包在库时长 $C_5$ | 1天以内：44.45%<br>3天以内：85.00%<br>5天以内：91.00% | |
| 收购站点安全管理 $C_6$ | | |
| 调运及时率 $C_7$ | 20.00% | 20班次的车辆，仅4个班次调运的烟包中未包含在库时长3天以上的烟包 |
| 车辆满载率 $C_8$ | 95.00% | 19辆车次满载，1辆车次不满载 |

续表

| 指标层 | 数据层 | 备注 |
|---|---|---|
| 调运车辆平均配送量 $C_9$ | 322.05 包 | 19 辆满载车平均 300 包,1 辆未满载 741 包（准载 800 包） |
| 烟包运输时长 $C_{10}$ | — | |
| 调运车辆排队时长 $C_{11}$ | 平均：0.31 小时<br>最大：2.73 小时<br>最小：0.01 小时 | 存在两个时间点过长 |
| 烟包入库时长 $C_{12}$ | 平均：11.33 小时<br>最大：150.33 小时<br>最小：0.58 小时 | |
| 卸车人员效率 $C_{13}$ | 4 秒/包 | 平均效率 |
| 仓储中心安全管理 $C_{14}$ | — | — |
| 收购站点临聘人员人工费用 $C_{15}$ | 165620.82 元 | 分级：18 元/担　共 95550.48 元<br>堆码：1.40 元/担　共 7431.70 元<br>打包、装卸：9 元/担　共 47775.24 元<br>电脑操作：1.40 元/担　共 7431.70 元<br>站点仓管临聘人员：1.40 元/担　共 7431.70 元 |
| 烟包易耗物料费用 $C_{16}$ | 70158.79 元 | 标签：0.60 元/张　共 3900.60 元<br>麻线：0.0095 元/克　共 988.15 元<br>麻片：4.07 元/片　共 52918.14 元<br>麻绳：0.0095 元/克　共 12351.90 元 |
| 仓储中心临聘人员人工费用 $C_{17}$ | 20491.34 元 | 卸车：0.698 元/件　共 4539.09 元<br>入库：0.778 元/件　共 5059.33 元<br>核检：1.306 元/件　共 8492.92 元<br>清洁工：2400 元/月 |
| 总物流费用 $C_{18}$ | 36893.10 元 | 单价：6.95 元/担 |
| 信息处理及时性 $C_{19}$ | 99.14% | 共存在 56 个烟包显示时间点信息错误或差距较大 |
| 信息传递准确率 $C_{20}$ | 41.27% | 仅 3823 个烟包显示出库时间与对应班次车辆发车时间相同 |
| 信息安全管理 $C_{21}$ | — | — |
| 信息完整率 $C_{22}$ | 98.77% | 存在 80 个烟包信息丢失,共收购 6509 包烟包 |

将专家调查问卷（表 5.2）和表 5.1 交予 11 位专家按照 0.1~0.9 九标度评分,结果见表 5.3 至表 5.6。

表 5.2　专家调查问卷

| 二级层指标比较：不同指标间重要性两两比较，请在相应空格下填入"√"，每行只能选择一项 ||||||||||||
| A | A极端重要 | A强烈重要 | A明显重要 | A稍微重要 | AB同等要求 | B稍微重要 | B明显重要 | B非常重要 | B极端重要 | B |
|---|---|---|---|---|---|---|---|---|---|---|
| 收购管理 | | | | | | | | | | 调运管理 |
| 收购管理 | | | | | | | | | | 存储管理 |
| 收购管理 | | | | | | | | | | 成本管理 |
| 收购管理 | | | | | | | | | | 信息管理 |
| 调运管理 | | | | | | | | | | 存储管理 |
| 调运管理 | | | | | | | | | | 成本管理 |
| 调运管理 | | | | | | | | | | 信息管理 |
| 存储管理 | | | | | | | | | | 成本管理 |
| 存储管理 | | | | | | | | | | 信息管理 |
| 成本管理 | | | | | | | | | | 信息管理 |

表 5.3　二级指标几何平均值分析表

| 二级指标 | 几何平均值 | 专家1 | 专家2 | 专家3 | 专家4 | 专家5 | 专家6 | 专家7 | 专家8 | 专家9 | 专家10 | 专家11 |
|---|---|---|---|---|---|---|---|---|---|---|---|---|
| 评分标准 | — | 0.1~0.9 |||||||||||
| 收购管理－调运管理 | 0.4364 | 0.4 | 0.7 | 0.4 | 0.5 | 0.2 | 0.6 | 0.6 | 0.3 | 0.2 | 0.5 | 0.4 |
| 收购管理－存储管理 | 0.4091 | 0.4 | 0.5 | 0.4 | 0.5 | 0.3 | 0.3 | 0.5 | 0.5 | 0.3 | 0.4 | 0.4 |
| 收购管理－成本管理 | 0.3818 | 0.3 | 0.3 | 0.6 | 0.3 | 0.3 | 0.5 | 0.3 | 0.4 | 0.3 | 0.3 | 0.6 |
| 收购管理－信息管理 | 0.4455 | 0.4 | 0.5 | 0.5 | 0.5 | 0.5 | 0.7 | 0.4 | 0.5 | 0.3 | 0.5 | 0.3 |
| 调运管理－存储管理 | 0.5000 | 0.5 | 0.6 | 0.5 | 0.5 | 0.6 | 0.5 | 0.5 | 0.6 | 0.5 | 0.2 | 0.5 |
| 调运管理－成本管理 | 0.4909 | 0.4 | 0.4 | 0.6 | 0.5 | 0.5 | 0.6 | 0.3 | 0.7 | 0.6 | 0.3 | 0.5 |

# 第5章 四川省烟叶产区收调存环节精益物流评价指标体系综合评价

续表

| 二级指标 | 几何平均值 | 专家1 | 专家2 | 专家3 | 专家4 | 专家5 | 专家6 | 专家7 | 专家8 | 专家9 | 专家10 | 专家11 |
|---|---|---|---|---|---|---|---|---|---|---|---|---|
| 调运管理－信息管理 | 0.5545 | 0.4 | 0.4 | 0.5 | 0.6 | 0.5 | 0.6 | 0.5 | 0.7 | 0.7 | 0.5 | 0.7 |
| 存储管理－成本管理 | 0.4273 | 0.5 | 0.4 | 0.4 | 0.4 | 0.4 | 0.3 | 0.3 | 0.4 | 0.4 | 0.3 | 0.9 |
| 存储管理－信息管理 | 0.4818 | 0.4 | 0.4 | 0.6 | 0.4 | 0.5 | 0.4 | 0.5 | 0.5 | 0.5 | 0.5 | 0.6 |
| 成本管理－信息管理 | 0.5182 | 0.5 | 0.4 | 0.6 | 0.6 | 0.6 | 0.4 | 0.6 | 0.4 | 0.5 | 0.8 | 0.3 |

表5.4 指标权重层次总排序

| 准则层 | 权重 | 指标层 | 单权重 | 总权重 |
|---|---|---|---|---|
| 收购管理 $B_1$ | 0.220455 | 烟包收购时长 $C_1$ | 0.141576 | 0.031211 |
| | | 约时收购普及率 $C_2$ | 0.177939 | 0.039227 |
| | | 日收购平准度 $C_3$ | 0.183758 | 0.040510 |
| | | 日打包效率 $C_4$ | 0.158667 | 0.034979 |
| | | 烟包在库时长 $C_5$ | 0.153212 | 0.033776 |
| | | 收购站点安全管理 $C_6$ | 0.184848 | 0.040751 |
| 调运管理 $B_2$ | 0.193182 | 调运及时率 $C_7$ | 0.310606 | 0.060003 |
| | | 车辆满载率 $C_8$ | 0.207576 | 0.040100 |
| | | 调运车辆平均配送量 $C_9$ | 0.232828 | 0.044978 |
| | | 烟包运输时长 $C_{10}$ | 0.248990 | 0.048100 |
| 存储管理 $B_3$ | 0.200000 | 调运车辆排队时长 $C_{11}$ | 0.211616 | 0.042323 |
| | | 烟包入库时长 $C_{12}$ | 0.246970 | 0.049394 |
| | | 卸车人员效率 $C_{13}$ | 0.260101 | 0.052020 |
| | | 仓储中心安全管理 $C_{14}$ | 0.281313 | 0.056263 |
| 成本管理 $B_4$ | 0.186364 | 收购站点临聘人员人工费用 $C_{15}$ | 0.262121 | 0.048850 |
| | | 烟包易耗物料费用 $C_{16}$ | 0.215657 | 0.040191 |
| | | 仓储中心临聘人员人工费用 $C_{17}$ | 0.265152 | 0.049415 |
| | | 总物流费用 $C_{18}$ | 0.257071 | 0.047909 |

续表

| 准则层 | 权重 | 指标层 | 单权重 | 总权重 |
|---|---|---|---|---|
| 信息管理 B₅ | 0.200000 | 信息处理及时性 C₁₉ | 0.243939 | 0.048788 |
| | | 信息传递准确率 C₂₀ | 0.264141 | 0.052828 |
| | | 信息安全管理 C₂₁ | 0.242929 | 0.048586 |
| | | 信息完整率 C₂₂ | 0.248990 | 0.049798 |

表 5.5 烟叶产区收调存环节精益物流改善质量评价指标评分表

| 指标 | 单权重 | 专家1 | 专家2 | 专家3 | 专家4 | 专家5 | 专家6 | 专家7 | 专家8 | 专家9 | 专家10 | 专家11 |
|---|---|---|---|---|---|---|---|---|---|---|---|---|
| 烟包收购时长 C₁ | 0.141576 | 7 | 7 | 5 | 9 | 6 | 7 | 8 | 7 | 8 | 8 | 7 |
| 约时收购普及率 C₂ | 0.177939 | 6 | 8 | 5 | 9 | 7 | 8 | 9 | 8 | 9 | 9 | 8 |
| 日收购平准度 C₃ | 0.183758 | 7 | 8 | 6 | 9 | 8 | 7 | 8 | 8 | 9 | 9 | 8 |
| 日打包效率 C₄ | 0.158667 | 4 | 7 | 5 | 7 | 7 | 8 | 7 | 7 | 8 | 8 | 6 |
| 烟包在库时长 C₅ | 0.153212 | 7 | 7 | 5 | 7 | 6 | 6 | 8 | 8 | 8 | 7 | 7 |
| 收购站点安全管理 C₆ | 0.184848 | 9 | 6 | 5 | 8 | 9 | 7 | 9 | 9 | 9 | 9 | 4 |
| 调运及时率 C₇ | 0.310606 | 7 | 7 | 5 | 6 | 7 | 4 | 8 | 8 | 8 | 8 | 5 |
| 车辆满载率 C₈ | 0.207576 | 3 | 7 | 5 | 7 | 6 | 5 | 8 | 6 | 7 | 7 | 5 |
| 调运车辆平均配送量 C₉ | 0.232828 | 3 | 6 | 5 | 7 | 7 | 6 | 7 | 7 | 7 | 7 | 5 |
| 烟包运输时长 C₁₀ | 0.248990 | 5 | 7 | 5 | 7 | 7 | 6 | 7 | 8 | 7 | 8 | 6 |
| 调运车辆排队时长 C₁₁ | 0.211616 | 5 | 7 | 5 | 6 | 7 | 4 | 9 | 7 | 9 | 9 | 2 |
| 烟包入库时长 C₁₂ | 0.246970 | 7 | 7 | 5 | 6 | 8 | 6 | 9 | 7 | 8 | 8 | 7 |
| 卸车人员效率 C₁₃ | 0.260101 | 5 | 8 | 5 | 7 | 7 | 6 | 9 | 7 | 9 | 8 | 8 |
| 仓储中心安全管理 C₁₄ | 0.281313 | 9 | 5 | 5 | 7 | 9 | 7 | 9 | 9 | 9 | 9 | 3 |
| 收购站点临聘人员人工费用 C₁₅ | 0.262121 | 4 | 7 | 5 | 8 | 8 | 7 | 8 | 8 | 9 | 8 | 6 |

# 第5章 四川省烟叶产区收调存环节精益物流评价指标体系综合评价

续表

| 指标 | 单权重 | 专家1 | 专家2 | 专家3 | 专家4 | 专家5 | 专家6 | 专家7 | 专家8 | 专家9 | 专家10 | 专家11 |
|---|---|---|---|---|---|---|---|---|---|---|---|---|
| 烟包易耗物料费用 $C_{16}$ | 0.215657 | 4 | 5 | 5 | 8 | 7 | 7 | 7 | 8 | 9 | 5 | 4 |
| 仓储中心临聘人员人工费用 $C_{17}$ | 0.265152 | 4 | 7 | 5 | 7 | 8 | 6 | 7 | 8 | 9 | 8 | 6 |
| 总物流费用 $C_{18}$ | 0.257071 | 6 | 5 | 5 | 7 | 7 | 7 | 8 | 8 | 9 | 6 | 5 |
| 信息处理及时性 $C_{19}$ | 0.243939 | 7 | 8 | 5 | 9 | 8 | 7 | 9 | 9 | 8 | 9 | 9 |
| 信息传递准确率 $C_{20}$ | 0.264141 | 7 | 8 | 5 | 9 | 9 | 7 | 9 | 9 | 9 | 7 | 9 |
| 信息安全管理 $C_{21}$ | 0.242929 | 7 | 5 | 5 | 6 | 9 | 6 | 8 | 9 | 9 | 4 | 3 |
| 信息完整率 $C_{22}$ | 0.248990 | 7 | 8 | 5 | 9 | 8 | 7 | 9 | 8 | 8 | 7 | 8 |

表5.6 四川省烟叶产区收调存环节精益物流改善质量评价指标体系各灰色综合评价值

| 评价指标 | 灰色综合评价值 |
|---|---|
| 总体质量水平 | 7.014796 |
| 收购管理 | 7.322126 |
| 调运管理 | 6.333471 |
| 存储管理 | 7.084665 |
| 成本管理 | 6.725305 |
| 信息管理 | 7.534014 |

## 5.1.2 分析评价总结

结合表5.5与表5.6，四川省烟叶产区收调存环节精益物流改善质量评价指标体系指标权重层次总排序，可以得出以下结论：

（1）整体四川省烟叶产区收调存环节精益物流现阶段改善质量水平（7.014796）处于"较上"状态。二级指标中收购管理（7.322126）、存储管理（7.084665）、信息管理（7.534014）达到了"较上"标准，其中信息管理（7.534014）表现最为出色；调运管理（6.333471）和成本管理（6.725305）则较差一点，均为"中"。结合实际情况，在四川省烟叶产区精益物流收调存环节展开的两次精益改善中，烟叶产区收调存环节总成本降低6.1%，其中收购环节减少两个岗位，收购环节辅助收购人员减少数十位，并且开展了约时收购的策略，使每日收购量逐渐趋于平稳。在调运环节中，与第三方物流公司展开成本调研，得出调运环节中调运车辆存在的等待时长发生在哪一个物流活动当中，并且找出减少等待成本的关键点。在存储环节中，减少了三个岗位的需求，同时严格把控烟包存储环节效率问题，整体提高了烟包入库效率7.8%。四川省烟草专卖局（公司）与中科进行合作，构建烟叶产区烟草物流信息库，大量数据点可以被查看。由此可见，四川省烟叶产区收调存环节的精益物流改善质量水平正在逐步变好，同时烟草物流从业人员也在积极参与精益活动当中，整个精益物流改善活动正处于蓬勃发展的阶段。

（2）灰色综合评价值最高（7.534014）且权重占比也比较高（20.00%）的二级指标是信息管理。由此说明信息管理是所有二级指标中，最受现阶段烟叶产区烟草精益物流管理从业人员的重视，他们也基本认同现阶段烟叶产区精益物流改善质量位于"较上"的水平。结合实际情况，中国烟草总公司四川省公司于2018年与中科合作成立项目，建立烟叶产区烟包收调存管理信息系统，项目组于2020年进行现场考察时，烟包打包时间点、烟包上调运车辆时间点等具体烟包在收调存环节中的信息传递，都能够从烟包信息管理系统中调出。烟包信息对于大数据分析来说是非常重要的一环，精益物流所需的各物流活动环节改善活动在大量数据分析的基础上，能够更快捷地发现问题所在。结合项目组实地考察，除广元烟叶产区试点存在信息缺失导致信息完整率只有98.77%外，其余各试点烟包信息完整，信息完整率达100%，同时根据统计到的数据显示，各试点信息处理及时性平均值为98.78%，仅存在少数烟包数据在前后两个时间点差距出现异常现象。各烟叶产区试点的信息传递准确率，除了广元烟叶产区试点中平均值为41.27%，其余试点信息传递准确率均高于97%，这也是指标评分中较低分数和较高分数一起出现的原因。

（3）三级指标中权重占比最高的（6.00%）是调运管理中的调运及时率。虽然调运环节一直是烟草公司外包给第三方物流公司，但是在成本运算中，物流公司会考虑到烟包上车等待时间，以及烟包入库的排队等待时间等各项时间成本，并算进整体调运成本中。因此，提高调运及时率是缩短这一主要调运成本的关键指标所在。结合项目组调研情况，仅凉山、泸州、攀枝花烟叶产区试点中有较小部分的调运车次存在不合格批次烟包（停留超过三天以上调运），其平均调运及时率分别为83.08%、81.00%、91.17%，广元与宜宾烟叶产区试点平均调运及时率为56.25%、39.59%。由此可以看出，调运及时率目前

第5章 四川省烟叶产区收调存环节精益物流评价指标体系综合评价

存在较大的问题，除攀枝花烟叶产区试点平均调运及时率上90%，其余产区试点均处于一个较低的数值范围，这也是四川省烟叶产区专家所关注的重点，正因如此，他们认为四川省烟叶产区收调存环节中，该项指标在调运管理中占据较高权重。

(4) 二级指标中灰色综合评价值最低（6.333471），权重占比较低（19.32%）的指标是调运管理，说明调运管理在四川省烟叶产区收调存环节精益物流改善质量较低，灰色综合评价值也表明调运管理处于需要改善的水平。主要原因是四川省烟叶产区烟草调运环节中，烟包运输是第三方物流公司负责，而在第三方物流公司的选取上是按照招标标准选择最经济实惠、最具工作效率的物流公司。因此，最近几年，烟叶产区的精益物流改善多集中在收购管理和存储管理上，调运环节作为外包项目，并未受到太多关注，但是在收购管理和存储管理的精益物流改善逐步趋近于完善的情况下，各烟草物流从业人员开始将关注点转向调运管理，由于大部分的调运管理问题不需要进行调整，烟叶产区的烟草物流从业人员将目前的关注点集中在调运及时率上，考察的是上下两点间衔接的问题。在本次项目组调研中，也只统计出了三个能够与烟草公司直接管理关联的指标，同时在统计数据中，因只存在调运车辆每班次具体信息，加上在运输过程中，第三方物流公司的信息管理不全，无法获取具体路况等信息。这给调运管理和改善工作带来了困难，即烟草公司能够直接精益管理改善的地方很少。

(5) 三级指标中权重占比较低的是收购管理中的烟包收购时长（3.12%）、烟包在库时长（3.38%）和日打包效率（3.50%），说明三个指标在四川省烟叶产区烟草从业人员中的关注度较低。结合实际情况，主要原因是之前的收购管理的关注点都在日收购平准度，相对而言，这三个三级指标在现阶段没有受到足够的关注。由于节假日和烟叶收购量的影响，各烟叶产区烟包收购时长一般不同，收购量大的烟叶产区收购时间较长，因此，在计算收购站点烟包日打包效率中，更多的是按照当日收购量来计算烟包打包效率。若日收购量少，烟草量少，烟包打包时间充裕，则日打包效率下降；若日收购量多，烟草量多，烟包打包时间紧张，则日打包效率上升。因此，四川省烟叶产区管理人员对这三项指标目前关注度较低，给出的权重也较低。

## 5.1.3 指标分析结果建议

通过5.1.2节中对灰色综合评价值和权重占比筛选出的各级指标中重要影

响指标进行分析并找出此类指标产生的原因。本小节通过对原因的分析，给出相应指标提升其灰色综合评价值的建议。

（1）灰色综合评价值最高（7.534014）同时权重占比也比较高（20.00%）的二级指标信息管理。烟叶产区收调存环节包括收购调运和存储环节。收购环节：烟包打包时间点、烟包出库时间点、烟包编码、烟包调运车辆调运单号、每日打包数量。调运环节：调运车辆调运时间、调运总件数、调运总重量、到达仓储中心开始排队时间点、到达仓储中心烟包下车时间。存储环节：整车烟包下车时间、原烟入库件数、原烟入库重量、原烟入库时间。将收调存环节的信息管理中时间点等数据进行记录，在精益管理改善中，需要以上信息数据计算烟包的在库时长、运输时长、入库等待时长和质检时长，计算各岗位的岗位人员员工效率，计算各岗位人员利用率等。笔者认为在信息管理中还需要添加每日工作时间、每日各岗位工作烟草重量以及打包烟草件数等数据。此外，在项目组进行信息数据收集期间，发现以下问题：①对于信息管理的信息处理及时性，存在部分信息计算机操作人员，对烟包打包之后存够一定数量烟包才将烟包信息上传的情况，这需要进行加强和监督；同时，部分烟包在入库时往往是一整车烟包全部入库完成之后，才开始记录烟包入库时间点，这会造成烟包入库效率问题的产生。②在信息管理的信息完整率中，发现部分时间点信息中烟包信息缺失，造成这种情况的一般原因是信息没有登记或者信息在登记后丢失，这需要烟草公司加强监督以及中科方面对系统缺陷进行修复；还发现部分地市州的不同烟叶产区烟包信息出现在同一个烟叶产区数据库中。由此可知，仍需加强对信息数据库的管理。

（2）灰色综合评价值较低（6.725305）的成本管理上，烟叶产区收调存环节往往由三个部分组成：用工费用、易耗费用、外包费用。用工费用包括收购站点临聘人员用工费用和仓储中心临聘人员用工费用，易耗费用包括标签、麻线、麻片、麻绳等，外包费用在收运环节则包括预检预验、专业化分级、打包、装卸、运输环节外包人员人工费用。本书给出的改善方法有以下两点：①需要对用工费用进行梳理，并着手开展相应的精益物流手段来减少成本。先对权重占比较大的用工费用进行处理，了解用工人员工种，包括评级员、质管员、微机员、司磅员、仓管员、打包管理员、扫码员、门卫、炊事员、保洁员、烟框堆码员，并对各岗位用工工种的用工人数，每日工作效率等方面进行计算，通过计算其各岗位工种人员利用率，寻找到合适的岗位职员数量配置，从而减少用工费用开支。②对于易耗费用，需要精确计算能够回收物品数量，并预测下一次收购烟包数量，从而合理化易耗品费用，达到减少成本的效果。

## 第5章 四川省烟叶产区收调存环节精益物流评价指标体系综合评价

(3) 二级指标中灰色综合评价值最低（6.333471）、权重占比较低（19.32%）的指标是调运管理，并且在三级指标中权重占比最高（6.00%）的是调运管理中的调运及时率。调运管理权重低的主要原因是烟草公司将调运环节交由第三方物流公司负责，但是为了各环节精益物流管理的最佳化，调运环节仍存在可以优化的地方：①三级指标中权重最高的是调运管理中的调运及时率的情况，说明时间成本是目前烟叶产区各物流从业人员的重要关注点，且从信息数据库中可以了解到调运环节调运车辆的调运时长。之所以降低时间成本，还将收购和存储环节中的各岗位作业岗位举行优化，提高各岗位的效率，使调运环节调运车辆能够减少到达收购站点以及仓储中心后的等待时间，是因为时间成本会被第三方物流公司计入总成本之中。降低时间成本会提高调运管理的重要性，也能够减少调运管理成本。②对调运管理的改善不仅仅在时间成本的节约上，同时也需要对车辆调度问题进行思考。了解其在收购管理指标中的日收购平准度和日打包效率，以此计算在要求的三天一次烟包调运中，每一个烟叶产区能够收购多少和打包多少烟包，以此为基础安排合适载货量的调运车辆去指定烟叶产区进行调运，以解决车辆满载率的问题。

接下来，本书将进一步优化研究收购调运储存管理和日收购平准度、烟包在库时长、烟包运输时长、调运车辆排队时长、烟包入库时长5个指标。

## 5.2 结论

### 5.2.1 构建评价指标体系

本书通过对烟草物流、烟草精益物流、烟草精益物流评价指标体系及其概念等方面进行梳理和理解，承接中国烟草总公司四川省公司的项目，结合实地考察所获得的数据和现场进行的访谈等，获得了四川省各地市州烟叶产区试点的烟叶收调存环节各项物流、信息传递、资金流动等信息，通过对这些信息的处理，对烟叶产区收调存环节这样一个处于烟草生产供应链上游的一个环节进行精益改善质量指标评价体系的构建。该指标体系一共存在5个维度，共构建22个指标。

本书采用模糊层次分析法和灰色模糊评价法对四川省各地市州11位烟叶产区烟草物流从业专家填写的问卷调查进行分析，得出四川省烟叶产区收调存环节精益物流改善质量总体具有较好的评价。通过构建模糊一致性矩阵，并对矩阵每一个指标进行定义、计算。结果表明，各指标均满足一致性。因此，本书构建的烟叶产区收调存环节精益物流改善质量指标评价体系可以运用于四川省烟叶产区收调存环节的精益物流改善质量测评。

## 5.2.2　创新评价指标评价方法

本书主要提出了模糊层次分析法（FAHP）与灰色模糊评价法结合的四川省烟叶产区收调存环节精益物流改善质量指标评价方法。深入烟叶产区一线探索新的研究领域，从烟叶产区收调存环节上，去探究研究方法。使用模糊层次分析法的优点如下：①由于指标中存在定性的指标以及可以量化的指标也需要经验性的进行优劣的判断，因此在烟叶产区领域尚没有标准的指标构建框架，在这种探索性质的指标构建下，使用模糊层次分析法能够结合专家决策对指标进行评分。②由于是探索性质的指标评价体系构建，使用模糊层次分析法对指标两两之间相互比较，即使在某指标的下级指标有5个以上的情况下，仍然能够较好地展示指标体系思维的一致性。③烟叶产区收调存环节精益物流改善是一个针对性指标体系。由于认知性的差异，使用大样本对其进行评价的随机性很高，因此，本书拟采用模糊层次分析法对专家评价的指标进行权重分析。同时，本书采用灰色模糊评价法对进行过权重分析的指标体系进行综合评价。使用灰色模糊评价法的主要理由如下：①灰色模糊评价方法适合于样本少、探索性研究等不确定性问题。②探索性质的指标评价体系构建中存在定性指标，而且可以量化的指标也需要进行经验性的优劣的判断，灰色系统适合既含有已知信息，又含有未知信息或非确知信息的评价研究。③对于这种评价规则模糊性的特点，在模糊数学中被称为"认知不确定性"，而灰色模糊评价法侧重于不定性数据的预测评价。模糊层次分析法因其评价方式，最适合指标体系的权重确定，而灰色模糊评价法正好弥补了模糊层次分析法对评价综合值的不足。两者在处理不确定性指标体系等问题具有良好的优势。因此，本书利用FAHP对指标权重进行分配，同时使用灰色模糊评价法在指标打分信息中对指标进行合理解析，使其在新的研究领域——烟叶产区收调存环节中，测量更加方便，呈现方式更加直观，评测成果科学客观。

## 5.2.3　评价指标结果

本书基于实地调研和现场工作人员访谈，通过与烟草公司合作的信息技术

## 第 5 章　四川省烟叶产区收调存环节精益物流评价指标体系综合评价

公司中科建立的烟叶产区烟草物流数据库获得数据，构建了数据辅助评价表，由 11 名 5 个地市州 8 个试点烟叶产区烟草物流的从业专家进行打分评价，采用 FAHP 进行指标权重分析，并使用灰色模糊评价法对各项指标进行评价，测出了评价指标体系各项指标评分和权重。四川省烟叶产区收调存环节精益物流改善质量评价指标体系中，5 个维度的评分和权重分别为：收购管理，7.322126，22.05%；调运管理 6.333471，19.32%；存储管理，7.084665，20.00%；成本管理，6.725305，18.64%；信息管理，7.534014，20.00%[①]。由此可知，收购管理、存储管理和信息管理 3 个二级指标的评价等级都为"较上"，而调运管理、成本管理 2 个二级指标的评分和权重相对较低。四川省烟叶产区收调存环节精益物流改善质量评价指标体系整体评价为 7.014796，属于"较上"水平。

---

① 数据四舍五入后百分比之和为 100.01%，在误差范围内。

# 第6章 基于收调存环节的烟叶精益物流关键指标实践研究

## 6.1 背景

为保证项目的落地性与高效性，中国烟草总公司四川省公司烟叶管理处在所辖的凉山州、攀枝花市、泸州市、广元市、宜宾市五个地市州的烟叶产区分别选择、确定了试验收购点与仓储中心。2020年和2021年项目组人员已奔赴上述五个烟叶产区及其试点进行现场调研，并与各烟叶产区的烟草公司的管理人员、收购人员、仓储人员进行会议交流，为充分、有效地收集资料做好扎实的准备工作。项目组收集到的基本情况见以下章节。

## 6.2 各地市州与试点单位

### 6.2.1 地市州情况

中国烟草总公司四川省公司烟叶管理处在所辖的凉山州、攀枝花市、泸州市、广元市、宜宾市五个市州的收购情况，具体见表6.1。

表6.1 烟叶精益化物流项目烟叶产区试点收购点

| 序号 | 烟叶产区 | 试点收购点 |
|---|---|---|
| 1 | 广元市产区 | 剑阁县 |
|   |   | 昭化区 |

续表

| 序号 | 烟叶产区 | 试点收购点 |
|---|---|---|
| 2 | 凉山州产区 | 德昌县 |
| | | 会东县 |
| | | 会理县 |
| | | 冕宁县 |
| | | 宁南县 |
| | | 普格县 |
| | | 西昌市 |
| | | 喜德县 |
| | | 盐源县 |
| | | 越西县 |
| 3 | 泸州市产区 | 古蔺县 |
| | | 叙永县 |
| 4 | 攀枝花市产区 | 米易县 |
| | | 仁和区 |
| | | 盐边县 |
| 5 | 宜宾市产区 | 珙县 |
| | | 屏山县 |
| | | 兴文县 |
| | | 筠连县 |

## 6.2.2 试点收购点情况

为确保研究的科学性与合理性，本书分别在5个地市州烟叶产区选取了2～4个试点收购点，以及与试点收购点相对应的1个仓储中心，具体见表6.2。

表 6.2  烟叶精益化物流项目试点收购点

| 序号 | 烟草公司 | 编码 | 试点仓储中心 | 编码 | 试点收购点 | 编码 |
|---|---|---|---|---|---|---|
| 1 | 德昌县烟草公司 | A | 德昌仓储中心 | $A_0$ | 茨达烟叶收购点 | $A_1$ |
|  |  |  |  |  | 大山烟叶收购点 | $A_2$ |
|  |  |  |  |  | 铁炉烟叶收购点 | $A_3$ |
|  |  |  |  |  | 永郎烟叶收购点 | $A_4$ |
| 2 | 剑阁县烟草公司 | B | 广元仓储中心 | $B_0$ | 剑门关烟叶收购点 | $B_1$ |
|  |  |  |  |  | 汉阳烟叶收购点 | $B_2$ |
| 3 | 泸州叙永县公司 | C | 叙永仓储中心 | $C_0$ | 麻城烟叶收购点 | $C_1$ |
|  |  |  |  |  | 高桥烟叶收购点 | $C_2$ |
|  |  |  |  |  | 寨和烟叶收购点 | $C_3$ |
| 4 | 兴文县烟草公司 | D | 宜宾仓储中心 | $D_0$ | 大坝烟叶收购点 | $D_1$ |
|  |  |  |  |  | 周家烟叶收购点 | $D_2$ |
| 5 | 攀枝花市烟草公司 | E | 米易仓储中心 | $E_0$ | 新河烟叶收购点 | $E_1$ |
|  |  |  |  |  | 大龙滩烟叶收购点 | $E_2$ |

## 6.3  2020 年试点收购点收调存基本概况

笔者根据烟叶收购、调运、存储三个环节，对 2020 年各烟叶产区试点收购点的基本概况进行分别描述。

### 6.3.1  收购环节

为清晰了解试点收购点基本情况，项目组在全面掌握试点收购点收购环节内容后，分别从非成本和成本两方面进行阐述。试点收购点收购期间非成本方面的基础信息主要包括收购质量、收购件数、收购环节临聘人员、打包天数、日打包量、打包时长及设施设备情况，具体见表 6.3。试点收购点收购期间成本主要是指在本年度收购期间支付的临聘人员、使用一次性或循环使用物料和设备设施等相关费用，具体见表 6.4 至表 6.7。

# 第6章 基于收调存环节的烟叶精益物流关键指标实践研究

表 6.3 各试点收购点收购期间非成本基础信息

| 试点县 | 试点收购点 | 开秤时间 | 关秤时间 | 日工作时长（时） | 收购件数（件） | 收购质量（千克） | 临聘人员-初检 | 临聘人员-分级 | 临聘人员-定级 | 临聘人员-过磅 | 临聘人员-堆码 | 临聘人员-打包 | 临聘人员-装卸 | 临聘人员-其他 | 打包天数（天） | 日打包量（件） | 日打包时长（时） | 设施设备情况 |
|---|---|---|---|---|---|---|---|---|---|---|---|---|---|---|---|---|---|---|
| A | $A_1$ | 9月5日 | 11月5日 | 9 | 10093 | 401775.35 | 12 | 10 | 0 | 2 | 4 | 14 | 7 | 62 | — | 16 | 电子秤4台，传送带1条，收购设备2套，电脑2台 |
| A | $A_2$ | 9月5日 | 10月30日 | 9 | 5292 | 210371.35 | 7 | 4 | 0 | 1 | 4 | 7 | 6 | 50 | — | 16 | 电子秤3台，传送带1条，收购设备1套，电脑2台 |
| A | $A_3$ | 9月5日 | 11月5日 | 9 | 14839 | 592216.50 | 22 | 10 | 0 | 2 | 8 | 19 | 8 | 59 | — | 15 | 叉车无、电子秤2台，传送带无，收购设备1套，电脑2台，加湿器1台 |
| A | $A_4$ | 9月5日 | 11月2日 | 9 | 4897 | 195000.00 | 2 | 3 | 0 | 1 | 3 | 6 | 8 | 59 | — | 15 | 叉车无、电子秤4台，传送带1条，电脑2台，收购设备1套，打包机无 |
| B | $B_1$ | 9月15日 | 10月31日 | 12 | 6611 | 268800.00 | 0 | 26 | 0 | 1 | 1 | 6 | 6 | — | — | — | 电子秤2台，传送带3台，打包机1条，打印机1条 |
| B | $B_2$ | 9月12日 | 10月30日 | — | 6501 | 265418.00 | 0 | 24 | 0 | 1 | 1 | 6 | 6 | — | — | — | 电子秤2台，传送带3台，打印机1条 |

45

续表

| 试点县 | 试点收购点 | 开秤时间 | 关秤时间 | 日工作时长（时） | 收购件数（件） | 收购质量（千克） | 临聘人员 初检 | 临聘人员 分级 | 临聘人员 定级 | 临聘人员 过磅 | 临聘人员 堆码 | 临聘人员 打包 | 临聘人员 装卸 | 临聘人员 其他 | 打包天数（天） | 日打包量（件） | 日打包时长（时） | 设施设备情况 |
|---|---|---|---|---|---|---|---|---|---|---|---|---|---|---|---|---|---|---|
| C | $C_2$ | 8月25日 | 10月12日 | 10 | 3710 | 149826.75 | 0 | 4 | 0 | 0 | 1 | 4 | 0 | 1 | — | — | — | 电子秤、打包机 |
| C | $C_1$ | 8月25日 | 10月14日 | 10 | 4573 | 187259.6 | 0 | 10 | 0 | 0 | 1 | 4 | 0 | 1 | — | — | — | 电子秤、打包机、传送带 |
| C | $C_3$ | 8月25日 | 10月14日 | 10 | 2963 | 120451.85 | 0 | 3 | 0 | 0 | 1 | 4 | 0 | 1 | — | — | — | 电子秤、打包机 |
| D | $D_1$ | 9月10日 | 11月8日 | 9 | 4915 | 125609.50 | 5 | 14 | 0 | 0 | 1 | 3 |  |  | 55 | 89.36 | 8~10 | 3台打包机 |
| D | $D_2$ | 9月10日 | 11月6日 | 8 | 4977 | 199036.50 | 4 | 12 | 0 | 0 | 1 | 5 |  |  | 50 | 99.54 | 8~10 | 电子秤、传送带、打包机 |
| E | $E_1$ | 9月8日 | 11月14日 | 9.5 | 13686 | 544085.80 | 4 | 4 | 0 | 2 | 2 | 6 |  | 3 | 62 | 220.70 | — | 打包机4台、电子秤2台、传送带1条 |
| E | $E_2$ | — | — | 9.5 | 19632 | 785000.00 | 10 | 0 | 0 | 2 |  | 12 |  | 5 | 59 | 332.75 | 14 | 简易手推叉车、电子秤、传送带、打包机 |

# 第6章 基于收调存环节的烟叶精益物流关键指标实践研究

表6.4 A烟叶产区试点收购点收购期间成本信息统计表

| 成本项 | 指标 | A1 单价 | A1 总数 | A1 总金额 | A2 单价 | A2 总数 | A2 总金额 | A4 单价 | A4 总数 | A4 总金额 | A3 单价 | A3 总数 | A3 总金额 |
|---|---|---|---|---|---|---|---|---|---|---|---|---|---|
| 人工 | 初检环节临聘人员费用 | 4.5元/担 | 8035.5担,12人 | 25195.05元 | 4.5元/担 | 8035.5担,7人 | 15408.99元 | 4.5元/担 | 总收购量3900担,国内计划2352.23担,2人 | 10585.04元 | 4.5元/担 | 总收购量11844.33担,国内计划10025.13担,10人 | 45113.09元 |
|  | 分级环节临聘人员费用 | 6元/担 | 8035.5担,10人 | 33593.40元 | 6元/担 | 8035.5担,4人 | 20545.32元 | 6元/担 | 总收购量3900担,国内计划2352.23担,3人 | 14113.38元 | 6元/担 | 总收购量11844.33担,国内计划10025.13担,2人 | 60150.78元 |
|  | 过磅环节临聘人员费用 | 3440元/月 | 2人 | 13760.00元 | 3590元/月 | 1人 | 7180.00元 | 3440元/月 | 1人 | 6880.00元 | 3440元/月 | 2人 | 6880.00元 |
|  | 堆码环节临聘人员费用 | 5元/担 | 4人 | 27994.50元 | 5元/担 | 4人 | 17121.10元 | 5元/担 | 总收购量3900担,国内计划2352.23担,3人 | 11761.15元 | 5元/担 | 总收购量11844.33担,国内计划10025.13担,8人 | 50125.65元 |
|  | 打包、装卸环节临聘人员费用 | 8.6元/担 | 8035.5担,14人 | 69105.39元 | 8.6元/担 | 4207.43担 | 36183.90元 | 8.6元/担 | 总收购量3900担 | 33540.00元 | 8.6元/担 | 总收购量11844.33担 | 101861.24元 |
|  | 电脑操作(微机开票)临聘人员费用 | 3440元/(月·人) | 1人 | 6880.00 | 3590元/(月·人) | 1人 | 7180.00元 | 3590元/(月·人) | 1人 | 6880.00元 | 3590元/(月·人) | 1人 | 7180.00元 |
|  | 仓管临聘人员费用 | 3490元/(月·人) | 2人 | 13960.00 | 3590元/(月·人) | 2人 | 14360.00元 | 3490元/(月·人) | 3人 | 13960.00元 | 3590元/(月·人) | 2人 | 14360.00元 |
|  | 门卫临聘人员 | 2940元/(月·人) | 1人 | 5880.00 | 2940元/(月·人) | 1人 | 5880.00元 | 2940元/(月·人) | 1人 | 5880.00元 | 2940元/(月·人) | 1人 | 5880.00元 |
|  | 清洁临聘人员 | 2790元/(月·人) | 1人 | 5880.00 | 2790元/(月·人) | 1人 | 5580.00元 | 2790元/(月·人) | 1人 | 5580.00元 | 2790元/(月·人) | 1人 | 5580.00元 |
|  | 厨师临聘人员 | 2790元/(月·人) | 2人 | 5880.00 | 2790元/(月·人) | 1人 | 5580.00元 | 2790元/(月·人) | 1人 | 5580.00元 | 2790元/(月·人) | 2人 | 5580.00元 |
|  | 其他 | — | — | — | — | — | — | 3440元/(月·人) | 1人 | 6880.00元 | 3540元/(月·人) | 1人 | 7080.00元 |

续表

| 成本项 | 指标 | A1 单价 | A1 总数 | A1 总金额 | A2 单价 | A2 总数 | A2 总金额 | A3 单价 | A3 总数 | A3 总金额 | A4 单价 | A4 总数 | A4 总金额 |
|---|---|---|---|---|---|---|---|---|---|---|---|---|---|
| 一次性物料 | 标签总费用 | 0.351元/件 | 10093件 | 3542.64元 | 0.351元/件 | 5292件 | 1857.49元 | 0.351元/件 | 4897件 | 1718.85元 | 0.351元/件 | 14839件 | 5208.49元 |
| | 麻线总费用 | 8元/千克 | 268千克 | 2144.00元 | 8元/千克 | 153.2千克 | 1225.60元 | 8元/千克 | 97.5千克 | 780.00元 | 8元/千克 | 387.72千克 | 3101.76元 |
| | 麻片总费用 | 新麻片11.8元/套,一类旧麻片4.07元/套,二类旧麻片3.85元/套 | 新麻片5000套,一类2501套,二类2552套 | 79004.27元 | 新麻片11.8元/套,一类旧麻片4.07元/套,二类旧麻片3.85元/套 | 新麻片4400套,一类748套,二类930套 | 58544.86元 | 新麻片11.8元/套,一类旧麻片4.07元/套,二类旧麻片3.85元/套 | 新麻片3050套,一类912套,二类930套 | 43282.34元 | 新麻片11.8元/套,一类旧麻片4.07元/套,二类旧麻片3.85元/套 | 新麻片8000套,一类1613套,二类4508套 | 94400+6564.91+17355.8=118320.71元 |
| 循环使用物料 | 麻绳总费用 | 1.6元/套 | 9800套 | 15680.00元 | 1.6元/套 | 5200套 | 8320.00元 | 1.6元/套 | 4800套 | 7680.00元 | 1.6元/套 | 15000套 | 24000.00元 |
| | 散烟捆绳费用 | 0.0797元/根 | 112680 | 8980.60元 | 0.0797元/根 | 78600根 | 6264.42元 | 0.0797元/根 | 44250 | 3526.73元 | 0.0797元/根 | 201000根 | 16019.70元 |
| | 预检袋（补贴使用）费用 | — | — | — | — | — | — | — | — | — | — | — | — |
| | 烟筐费用 | 74元/个 | 250个 | 18500.00元 | 74元/个 | 100个 | 7400.00元 | 74元/个 | 90个 | 6660.00元 | 74元/个 | 200个 | 14800.00元 |
| | 防潮用品（垫底托盘、牛毛毡等物资）费用 | 160元/张 | 3张 | 480.00元 | 160元/张 | 3张 | 480.00元 | 160元/张 | 2张 | 320.00元 | 160元/张 | 3张 | 480.00元 |
| 设施设备 | 打包机、输送带、手推车、垫底托盘等的数量,以及使用情况 | 垫底托盘80张 | | | 电子秤3台,传送带1条,收购设备1套,手推车7台,装卸机1台 | | | 手推车509.25元/台 | 4台 | 2037.00元 | 电子秤4台,传送带1条,收购设备1套,电脑2台,无叉车和打包机 | | |

## 第6章 基于收调存环节的烟叶精益物流关键指标实践研究

表6.5 B烟叶产区与D烟叶产区试点收购点收购期间成本信息

| 成本项 | 指标 | B B₂ 单价 | B₂ 总数 | B₂ 总金额 | B₁ 单价 | B₁ 总数 | B₁ 总金额 | D D₁ 单价 | D₁ 总数 | D₁ 总金额 | D₂ 单价 | D₂ 总数 | D₂ 总金额 |
|---|---|---|---|---|---|---|---|---|---|---|---|---|---|
| 人工 | 初检环节临聘人员费用 | — | — | — | 18元/担 | 5376担,261人 | 96768.00元 | 2500元/月 | 2512.19担,5人 | 25000.00元 | 2500元/月 | 3980.73担,4人 | 20000.00元 |
| | 分级环节临聘人员费用 | 18元/担 | 5308.36担,24人 | 95550.48元 | — | — | — | 队长3000元/月,队员2500元/月 | 14人 | 71000.00元 | 队长3000元/月,队员2500元/月 | 3980.73担,12人 | 61000.00元 |
| | 过磅环节临聘人员费用 | — | — | — | — | — | — | — | — | — | — | — | — |
| | 堆码环节临聘人员费用 | 1.4元/担 | 5308.36担 | 7431.70元 | 1.4元/担 | — | 7526.46元 | 2500元/月 | 1人 | 5000.00元 | 2500元/月 | 3980.73担,1人 | 5000.00元 |
| | 打包、装卸环节临聘人员费用 | 9元/担 | 5308.36担 | 47775.24元 | 9元/担 | 5376担,61人 | 48384元 | 6.875元/担 | 3人 | 27032.50元 | 6.875元/担 | 3980.73担,4~5人 | 27373.50元 |
| | 电脑操作（微机开票）临聘人员费用 | 1.4元/担 | 5308.36担 | 7431.70元 | 1.4元/担 | — | 7526.40元 | 2500元/月 | — | — | 2500元/月 | 3980.73担,1人 | 5000.00元 |
| | 仓管临聘人员费用 | 1.4元/担 | 5308.36担 | 7431.70元 | 1.4元/担 | — | 7526.40元 | — | — | — | — | — | — |
| | 门卫聘人员 | — | — | — | — | — | — | — | — | — | — | — | — |
| | 清洁聘人员 | — | — | — | — | — | — | — | — | — | — | — | — |
| | 厨师临聘人员 | — | — | — | — | — | — | — | — | — | 2000元/月 | 3980.73担,1人 | 4000.00元 |
| | 其他 | — | — | — | — | — | — | — | — | — | 2500元/月 | 3980.73担,4人 | 20000.00元 |

49

续表

| 成本项 | 指标 | B | | | | | D | | | | | |
|---|---|---|---|---|---|---|---|---|---|---|---|---|
| | | | B₂ | | | B₁ | | D₁ | | | D₂ | |
| | | 单价 | 总数 | 总金额 | 单价 | 总数 | 总金额 | 单价 | 总数 | 总金额 | 总数 | 总金额 |
| 一次性物料 | 标签总费用 | 0.6元/件 | 5308.36件 | 3900.60元 | 0.6元/件 | 5376 | 3966.00元 | 4.5元/件 | 4915件 | 22117.50元 | 4.5元/件 | 4799件 | 21595.50元 |
| | 麻线总费用 | 9.5元/千克 | — | 988.15元 | 9.5元/千克 | 5376 | 1004.72元 | 9.5元/千克 | 197千克 | 1871.50元 | 9.5元/千克 | 192千克 | 1824.00元 |
| | 麻片总费用 | 4.07元/套 | — | 52918.14元 | 4.07元/套 | — | 53805.4元 | 6.08元/套 | 9830套 | 59766.40元 | 6.08元/套 | 9598套 | 58355.84元 |
| | 麻绳总费用 | 9.5元/千克 | — | 12351.90元 | 9.8元/千克 | — | 12559.00元 | 9.5元/千克 | 7373根 | — | 9.5元/千克 | 7199根 | — |
| 循环使用物料 | 散烟捆绳费用 | 0.56元/根 | 4500根 | 2520.00元 | 0.56元/根 | 4600根 | 2576.00元 | 0.91元/根 | 25488根 | 23194.10元 | 0.91元/根 | 39800根 | 36218.00元 |
| | 预检袋（补贴使用）费用 | 21.5元/套 | 850套 | 18275.00元 | 21.5元/套 | 900套 | 19350.00元 | — | — | — | — | — | — |
| | 烟筐费用 | 210元/个 | 85个 | 17850.00元 | 210元/个 | 90个 | 18900.00元 | 144元/个 | 15个 | 2160.00元 | 144元/个 | 10个 | 1440.00元 |
| | 防潮用品（垫底托盘、牛毛毡等垫仓物资）费用 | 10元/张 | 40张 | 400.00元 | 10元/张 | 40张 | 400.00元 | 382元/张 | 55张 | 21010.00元 | 382元/个 | 150个 | 57300.00元 |
| 设施设备 | 打包机、传送带、手推车、垫底托盘等的数量，以及使用情况 | — | — | — | — | — | — | — | — | — | 打包机2台（移动和固定各1台），传送带1条，手推车2台，垫底托盘150张 | |

50

## 第6章 基于收调存环节的烟叶精益物流关键指标实践研究

表6.6 C烟叶产区试点收购点收购期间成本信息

| 成本项 | 指标 | C |||||||||
|---|---|---|---|---|---|---|---|---|---|---|
| ||| $C_2$ ||| $C_1$ ||| $C_3$ |||
| || 单价 | 总数 | 总金额 | 单价 | 总数 | 总金额 | 单价 | 总数 | 总金额 |
| 人工 | 初检环节临聘人员费用 | — | — | — | — | — | — | — | — | — |
|| 分级环节临聘人员费用 | 120元/天 | 4人 | 20160.00元 | 120元/天 | 10人 | 52800.00元 | 120元/天 | 3人 | 15120.00元 |
|| 过磅环节临聘人员费用 | — | — | — | — | — | — | — | — | — |
|| 堆码环节临聘人员费用 | 120元/天 | 1人 | 5040.00元 | 120元/天 | 1人 | 5280.00元 | 120元/天 | 1人 | 5040.00元 |
|| 打包、装卸环节临聘人员费用 | 9.55元/担 | 2996.5担,2人 | 28616.58元 | 9.55元/担 | 3745.2担,4人 | 35766.66元 | 9.55元/担 | 2409担,4人 | 23005.95元 |
|| 电脑操作（微机开票）临聘人员费用 | — | — | — | — | — | — | — | — | — |
|| 仓管临聘人员费用 | 120元/天 | 1人 | 5040.00元 | 120元/天 | 1人 | 5280.00元 | 120元/天 | 1人 | 5040.00元 |
|| 门卫临聘人员 | — | — | — | — | — | — | — | — | — |
|| 清洁临聘人员 | — | — | — | — | — | — | — | — | — |
|| 厨师临聘人员 | — | — | — | — | — | — | — | — | — |
|| 其他 | — | — | — | — | — | — | — | — | — |

续表

| 成本项 | 指标 | C₂ 单价 | C₂ 总数 | C₂ 总金额 | C₁ 单价 | C₁ 总数 | C₁ 总金额 | C₃ 单价 | C₃ 总数 | C₃ 总金额 |
|---|---|---|---|---|---|---|---|---|---|---|
| 一次性物料 | 标签总费用 | 0.47元/张 | 4000张 | 1880.00元 | 0.47元/张 | 4800张 | 2256.00元 | 0.47元/张 | 3300张 | 1551.00元 |
| | 麻线总费用 | 8元/千克 | 50千克 | 400.00元 | 8元/千克 | 50千克 | 400.00元 | 8元/千克 | 25千克 | 200.00元 |
| | 麻片总费用 | 11.6元/套 | 7300套 | 84680.00元 | 11.6元/套 | 6700套 | 77720.00元 | 11.6元/套 | 8400套 | 97440.00元 |
| | 麻绳总费用 | 1.57元/套 | 3652套 | 5733.64元 | 1.57元/套 | 4862套 | 7633.34元 | 1.57元/套 | 3070套 | 4819.90元 |
| 循环使用物料 | 散烟袋（补贴使用）费用 | — | — | — | — | — | — | — | — | — |
| | 预检烟筐费用 | — | — | — | — | — | — | — | — | — |
| | 防潮用品（垫底托盘、牛毛毡等垫仓物资）费用 | 6.1元/平方米、1.79元/平方米 | 牛毛毡200平方米、花胶布200平方米 | 1578.00元 | 6.1元/平方米、1.79元/平方米 | 牛毛毡400平方米、花胶布400平方米 | 3156元 | 6.1元/平方米、1.79元/平方米 | 牛毛毡200平方米、花胶布200平方米 | 1578.00元 |
| 设施设备 | 打包机、传送带、垫底托盘等的数量、以及使用情况 | 打包机1台 | | | 打包机1台，传送带1条 | | | | | |

52

第6章 基于收调存环节的烟叶精益物流关键指标实践研究

**表 6.7 E 烟叶产区试点收购点收购期间成本信息**

| 成本项 | 指标 | E₁ 单价 | E₁ 总数 | E₁ 总金额 | E₂ 单价 | E₂ 总数 | E₂ 总金额 |
|---|---|---|---|---|---|---|---|
| 人工 | 初检环节临聘人员费用 | 2.57元/担、3500元/月 | 10881.716担、4人 | 27966.01元 | 3.1元/担、4000元/月 | 15700担、6人 | 48670.00元 |
| | 分级环节临聘人员费用 | 2.05元/担、2800元/月 | 10881.716担、47人 | 22307.52元 | 1.55元/担、3000元/月 | 15700担、4人 | 243350.00元 |
| | 过磅环节临聘人员费用 | 0.48元/担、2600元/月 | 10881.716担、2人 | 5223.22元 | 0.77元/担、3000元/月 | 15700担、2人 | 12089.00元 |
| | 堆码环节临聘人员费用 | 0.57元/担、3100元/月 | 10881.716担、2人 | 6202.58元 | 1.81元/担 | 15700担 | 28417.00元 |
| | 打包、装卸环节临聘人员费用 | 9.12元/担 | 10881.716担、6人 | 99241.25元 | 7.78元/担 | 15700担 | 122146.00元 |
| | 电脑操作（微机开票）临聘人员费用 | 0.24元/担、2600元/月 | 10881.716担、1人 | 2611.61元 | 0.32元/担、2500元/月 | 15700担、1人 | 5024.00元 |
| | 仓管临聘人员费用 | 1.213元/担、3300元/月 | 10881.716担、1人 | 13199.52元 | 0.805元/担、3700元/月 | 15700担、2人 | 12638.50元 |
| | 门卫临聘人员费用 | — | — | — | — | — | — |
| | 清洁临聘人员费用 | — | — | — | — | — | — |
| | 厨师临聘人员费用 | — | — | — | — | — | — |
| | 其他 | — | — | — | — | — | — |

续表

| 成本项 | 指标 | | E | | | | |
|---|---|---|---|---|---|---|---|
| | | | $E_1$ | | | $E_2$ | |
| | | 单价 | 总数 | 总金额 | 单价 | 总数 | 总金额 |
| 一次性物料 | 标签总费用 | 1.20元/担 | 10881.716担 | 13058.06元 | 1.00元/担 | 15700担 | 15700.00元 |
| | 麻线总费用 | 0.013元/担 | 10881.716担 | 141.46元 | 0.19元/担 | 15700担 | 2983.00元 |
| | 麻片总费用 | 10.44元/担 | 10881.716担 | 113605.12元 | 12.90元/担 | 15700担 | 202530.00元 |
| | 麻绳总费用 | 1.42元/担 | — | 15452.04元 | 1.77元/担 | 15700担 | 27789.00元 |
| 循环使用物料 | 散烟捆绳费用 | — | — | — | 1.81元/担 | 15700担 | 28417.00元 |
| | 预检袋（补贴使用）费用 | — | — | — | — | — | — |
| | 烟筐费用 | — | — | — | — | — | — |
| | 防潮用品（垫底托盘、牛毛毡等垫仓物资）费用 | — | — | — | — | — | — |
| 设施设备 | 打包机、传送带、手推车、垫底托盘等的数量、以及使用情况 | | | | | | |

## 6.3.2 转运环节

笔者通过调研发现，各烟叶产区的调运车辆均采用第三方外包的模式，由县烟草公司统一进行公开招投标，以公里和件数为单位进行费用支付。因此，本书根据各烟叶产区实际情况，仅对转运环节的成本项目进行统计分析，具体见表6.8。

表6.8 各烟叶产区试点收购点收烟叶运输情况

| 试点县 | 收购点 | 计算标准 | 运输成本 | 物流费用 本年度使用的运输车型：600件以上，500~600件，400~500件，300~400件，300件，200件以下 | 不同车型相对应的累计运输次数 |
|---|---|---|---|---|---|
| A | A₁ | 单价 | — | 300~400 | 29车次 |
|  |  | 总数 |  |  |  |
|  |  | 总金额 | 51388.42元 |  |  |
|  | A₂ | 单价 | — | 300 | 21车次 |
|  |  | 总数 |  |  |  |
|  |  | 总金额 | 26910.63元 |  |  |
|  | A₄ | 单价 | — | 300 | 17车次 |
|  |  | 总数 |  |  |  |
|  |  | 总金额 | 24953.21元 |  |  |
|  | A₃ | 单价 | 6.95元/(担·公里) | 300 | 54车次 |
|  |  | 总数 | 5308.36担 |  |  |
|  |  | 总金额 | 75675.93元 |  |  |
| B | B₂ | 单价 | — | 300 | 20车次 |
|  |  | 总数 |  |  |  |
|  |  | 总金额 | 36893.1元 |  |  |
|  | B₁ | 单价 | 6.95元/(吨·公里) | 300 | 24车次 |
|  |  | 总数 | 5376.03件 |  |  |
|  |  | 总金额 | 37363.41元 |  |  |

# 第6章 基于收调存环节的烟叶精益物流关键指标实践研究

续表

| 试点县 | 收购点 | 计算标准 | 物流费用 运输成本 | 本年度使用的运输车型：600 件以上，500～600 件，400～500 件，300～400 件，300 件，200 件以下 | 不同车型相对应的累计运输次数 |
|---|---|---|---|---|---|
| C | $C_2$ | 单价 | 6.39元/（担·公里） | 300 | 15 车次 |
|  |  | 总数 | 2996.54 担，2 人，3710 件 |  |  |
|  |  | 总金额 | 19147.86 元 |  |  |
|  | $C_1$ | 单价 | 6.61元/（担·公里） | 400～500, 300 | 4 车次，12 车次 |
|  |  | 总数 | 3745.192 担，4 人，4573 件 |  |  |
|  |  | 总金额 | 24755.72 元 |  |  |
|  | $C_3$ | 单价 | 7.51元/（担·公里） | 300 | 12 车次 |
|  |  | 总数 | 2409.04 担，4 人，2963 件 |  |  |
|  |  | 总金额 | 18091.04 元 |  |  |

续表

| 试点县 | 收购点 | 计算标准 | 物流费用 ||| 
||||运输成本|本年度使用的运输车型：600件以上，500~600件，400~500件，300~400件，300件，200件以下|不同车型相对应的累计运输次数|
|---|---|---|---|---|---|
| D | $D_1$ | 单价 | 1.64元/（吨·公里） | 400~500 | 8车次 |
|  |  | 总数 | 4916件 |  |  |
|  |  | 总金额 | 47728.46元 |  |  |
|  | $D_2$ | 单价 | 1.64元/（吨·公里） | 400~500 | 8车次 |
|  |  | 总数 | 4876件 |  |  |
|  |  | 总金额 | 48939.44元 |  |  |
| E | $E_1$ | 单价 | 4.1元/（吨·公里） | 100~120，220~270，450~500 | 302件，207件，80件各1次，400件以上24车次 |
|  |  | 总数 | 13697件 |  |  |
|  |  | 总金额 | 56157.70元 |  |  |
|  | $E_2$ | 单价 | 14.12元/（吨·公里） | 100~120，220~270，450~500 | 238件1车次；420件以上38车次 |
|  |  | 总数 | 19688件 |  |  |
|  |  | 总金额 | 277994.56元 |  |  |

## 6.3.3 仓储环节

与收购环节相同,笔者在全面掌握试点收购点对应的仓储中心的入库环节内容后,分别从非成本和成本两个方面进行阐述。试点仓储中心收购期间非成本方面的基础信息主要包括临聘人员数量、卸车人员工作效率、试点收购点不合格烟叶车次及其占比、整选不合格烟叶的时长,具体见表6.9。试点仓储中心收购期间成本主要是指在本年度入库期间支付的临聘人员、设备设施等相关费用,具体见表6.10和表6.11。

烟叶精益物流标准模式研究

表6.9 试点仓储中心收购期间非成本基础信息

| 项目信息<br>试点仓储中心 | 临聘人员数量（烟包卸车、核检、堆码、搬运各环节） | 卸车人员工作效率 | 试点收购点 | 2020年度不合格烟叶车次 | 2020年度烟叶总车次 | 2020年度不合格车次占总车次百分比（不合格件数占比） | 2020年度收购车次合格车次百分比 | 2020年度整选不合格烟叶的时长 |
|---|---|---|---|---|---|---|---|---|
| $A_0$ | 烟包卸车：5个辅助保管员，核检：质检辅助工6人/组，两组，微机员：2名，在库烟存储：5个辅助工 | 52~56件/（时·人） | 茨达 | 5 | 29 | 17.24% | | 38~40分钟/（件·人） |
| | | | 大山 | 3 | 21 | 14.29% | | 38~40分钟/（件·人） |
| | | | 永郎 | 3 | 17 | 17.65% | | 38~40分钟/（件·人） |
| | | | 铁炉 | 10 | 54 | 18.52% | | 38~40分钟/（件·人） |
| $B_0$ | 卸车、堆码、搬运等14人，核检3人 | 600/14=42.9件/（时·人） | 汉阳 | 10 | 20 | 50.00% | | 1小时 |
| | | | 剑门关 | 17 | 24 | 70.83% | | 1小时 |
| $C_0$ | 烟包卸车、堆码、搬运共26人，核检31人 | 300件/（时·人） | 高桥 | 1 | 15 | 6.67% | | 5小时 |
| | | | 麻城 | 4 | 16 | 25.00% | | 20小时 |
| | | | 寨和 | 3 | 12 | 25.00% | | 16小时 |
| $D_0$ | 第三方公司承包：60~70人，装卸10~15人，搬运10~20人，打包10~15人 | 70~90件/（时·人） | 大坝 | — | — | — | | — |
| | | | 周家 | — | — | — | | — |
| $E_0$ | 卸车、搬运人员为劳务外包，费用计件：卸车0.63元/件，搬运0.7元/件，质检工资3300元/月计发工资 | 60件/（时·人） | 新河 | C3F 2个批次共计360件 | 27车次，11360件 | 7.41%、3.17% | | 10~20分钟/件 |
| | | | 大龙滩 | C3F 4个批次共计1070件 | 39车次，19178件 | 10.26%、5.58% | | 10~20分钟/件 |

## 第6章 基于收调存环节的烟叶精益物流关键指标实践研究

**表6.10 试点仓储中心收购期间成本相关基本信息**

<table>
<tr><th colspan="2">成本项</th><th>指标</th><th colspan="3">A₀</th><th colspan="3">B₀</th><th colspan="3">C₀</th></tr>
<tr><td colspan="2"></td><td></td><td></td><td>总数</td><td></td><td></td><td>总数</td><td></td><td></td><td>总数</td><td></td></tr>
<tr><td rowspan="8">人工</td><td></td><td>卸车临聘人员费用</td><td>下车费0.93元/件,扫码费0.4元/件,移库中转费0.4元/件,上车费0.93元/件</td><td>10093件</td><td>下车费9386.49元,扫码费4037.20元,移库中转费4037.20元</td><td>0.698元/件</td><td>6611件</td><td>4539.09元</td><td>0.84元/件</td><td>3710件,26人</td><td>3116.40元</td></tr>
<tr><td></td><td>入库临聘人员费用</td><td>3000元/月</td><td>5人</td><td>2061.76元</td><td>0.778元/件</td><td>6612件</td><td>5059.33元</td><td>2700元/月</td><td>4人</td><td>10800.00元</td></tr>
<tr><td></td><td>核检辅助临聘人员费用</td><td>2800元/月</td><td>12人</td><td>4618.34元</td><td>1.306元/件</td><td>6613件</td><td>8492.92元</td><td>核检115元/天,开捆缝0.88元/件</td><td>核检20人,开捆缝11人</td><td>115964.80元</td></tr>
<tr><td></td><td>微机临聘人员</td><td>2700元/月</td><td>2人</td><td>824.70元</td><td>—</td><td>—</td><td>—</td><td>—</td><td>—</td><td>—</td></tr>
<tr><td></td><td>清洁工临聘人员</td><td>2150元/月</td><td>1人</td><td>412.35元</td><td>2400元/月</td><td>1</td><td>2400.00元</td><td>82.5元/天</td><td>4人</td><td>16170.00元</td></tr>
<tr><td></td><td>叉车操作临聘人员</td><td>—</td><td>—</td><td>—</td><td>0</td><td>—</td><td>—</td><td>104.5元/天</td><td>2人</td><td>10241元</td></tr>
<tr><td></td><td>安全临聘人员</td><td>—</td><td>—</td><td>—</td><td>0</td><td>—</td><td>—</td><td>—</td><td>—</td><td>—</td></tr>
<tr><td></td><td>机修临聘人员</td><td>3000元/月</td><td>1人</td><td>152.49元</td><td>0</td><td>—</td><td>—</td><td>104元/天</td><td>2人</td><td>10192.00元</td></tr>
</table>

续表

| 成本项 | 指标 | | $A_0$ 总数 | $B_0$ 总数 | $C_0$ 总数 |
|---|---|---|---|---|---|
| 设施设备 | 现有装卸设备 | | 输送带：15 条 | 传送带 1 条、货运电梯 2 部 | 电子秤 3 台、传送带 2 条、电脑 3 台、打印机 3 台、扫码枪 3 台 |
| | 现有搬运设备 | | 电动叉车 14 台，液压手提车 73 台 | 手推车 20 台 | 叉车 2 台、电梯 4 部、手推车 25 台 |
| | 现有养护设备 | | 除湿器 10 台，便携式喷雾器 4 台，温湿度计 8 个 | 除湿机 40 台 | 打包机 3 台、温湿度计 120 个、框栏 180 个、除湿机 19 台 |
| | 现有辅助设备 | | 框栏 10100 个，电子秤 27 台，发电机 3 台，电脑 6 台（库房使用） | 打包机 2 台、电子秤 5 台、电脑 3 台、温湿度计 10 个 | — |
| | 仓库租赁费用 | | — | — | — |
| | 其他 | | — | — | — |

62

# 第6章 基于收调存环节的烟叶精益物流关键指标实践研究

表6.11 试点仓储中心收购期间成本相关基本信息

| 成本项 | 指标 | D₀ 总数 | 单价 | E₀ 总数 | 总金额 |
|---|---|---|---|---|---|
| 人工 | 卸车临聘人员费用 | 装卸分白班、夜班、工种类型、按件计费，每月结算，9月10.56万元，10月27.84万元； | 0.63元/件 | 15700担，19632件 | 12368.16元 |
| | 人库临聘人员费用（保管） | | 2400元/月 | 12人 | 144000.00元 |
| | 核检辅助临聘人员费用 | 外包第三方公司，按照元/件×（质检入库数+销售出库数）结算 | 3300元/月 | 7人 | 99000.00元 |
| | 微机临聘人员费用 | | 2000元/月 | 3人 | 26000.00元 |
| | 清洁工临聘人员费用 | 9月费用74850元；10月费用51510元；11月费用52650元； | 1650元/月 | 2人 | 18150.00元 |
| | 叉车操作临聘人员费用 | | 3500元/月 | 6人 | 94500.00元 |
| | 安全临聘人员费用 | | 1650元/月 | 3人 | 29700.00元 |
| | 机修临聘人员费用 | — | — | — | — |
| 设施设备 | 现有装卸设备 | 叉车6个、框栏4300个、升降机3个、风机20个、除湿机116个、打包机20个、电子秤10个、手推车12个、温湿度计28个、手叉10个、烟叶仓储数字化系统1个、电脑10台 | | 叉车6台 | |
| | 现有搬运设备 | | | 传送带3条 | |
| | 现有养护设备 | | | 加湿器4套 | |
| | 现有辅助设备 | | | 液压手推车10台 | |
| | 仓库租赁费用 | 190万~213万元 | | 无 | |
| | 其他 | — | | — | — |

63

## 6.4 2021年全省及各产区试点收调存环节现状分析

### 6.4.1 全省及各产区试点收购时长与平准度分析

2021年，四川省的烟叶总收购量为3503059件。具体数据见表6.12。其具体每日收购进度如图6.1所示。

表6.12 四川省烟叶收购数据

| 产区 | 总收购量（件） | 标准日收购均值 | 标准差 | 离散系数 | 总收购天数（天） | 加权后离散系数 |
|---|---|---|---|---|---|---|
| 四川省 | 3503059 | 70061.18 | 33345.23 | 47.59% | 55 | — |

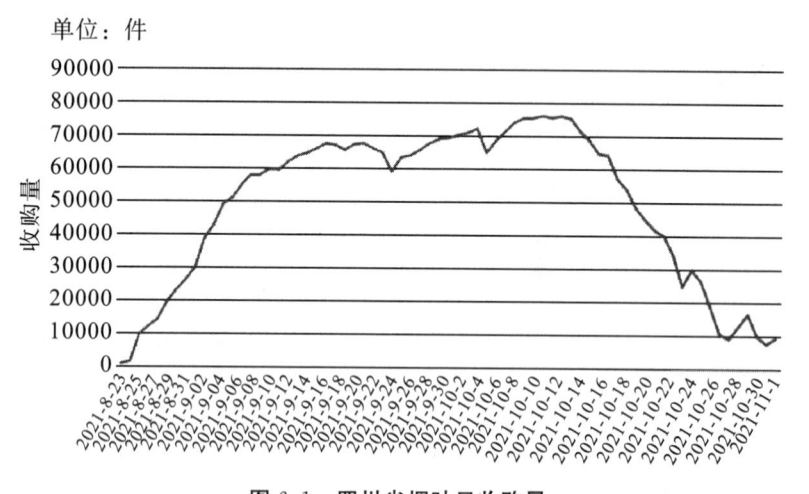

图6.1 四川省烟叶日收购量

2021年，各产区试点收购时长和平准度见表6.13。

表 6.13　各产区试点收购时长和平准度排名

| 排名 | 产区试点 | 总收购量（件） | 标准日收购均值 | 标准差 | 离散系数 | 总收购天数（天） | 加权后离散系数 |
|---|---|---|---|---|---|---|---|
| 1 | 广元剑阁剑门关 | 9529 | 190.58 | 76.40 | 40.09% | 48 | 38.49% |
| 2 | 广元剑阁汉阳 | 6966 | 139.32 | 59.42 | 42.65% | 47 | 40.09% |
| 3 | 泸州叙永寨和 | 3025 | 60.51 | 37.90 | 62.64% | 37 | 46.36% |
| 4 | 泸州叙永高桥 | 3696 | 73.93 | 58.59 | 79.25% | 33 | 52.30% |
| 5 | 凉山德昌茨达 | 10851 | 217.02 | 88.52 | 40.79% | 58 | 53.84% |
| 6 | 泸州叙永麻城 | 4652 | 93.05 | 60.32 | 64.83% | 43 | 55.75% |
| 7 | 凉山德昌铁炉 | 11108 | 222.17 | 106.93 | 48.13% | 54 | 55.83% |
| 8 | 凉山德昌永郎 | 4080 | 81.60 | 41.84 | 51.27% | 54 | 59.47% |
| 9 | 宜宾兴文周家 | 5155 | 103.11 | 47.12 | 45.70% | 60 | 63.98% |
| 10 | 宜宾兴文大坝 | 6293 | 125.87 | 74.28 | 59.01% | 59 | 80.27% |
| 11 | 凉山德昌大山 | 5161 | 103.21 | 73.69 | 71.40% | 55 | 85.68% |

注：1. 标准收购天数为50天，每少一天减离散系数的2%，每多一天加离散系数的4%。

2. 总收购天数少于50天的加权后离散系数＝[1－（50－总收购天数）×2%]×离散系数；总收购天数多于50天的加权后离散系数＝[1－（50－总收购天数）×4%]×离散系数。

收购时长方面，由表6.13可知，大部分试点的收购时长都在55天之内，收购时长超出55天只有凉山德昌茨达（58天）、宜宾兴文周家（60天）、宜宾兴文大坝（59天）三个试点，超出时长均在55天的10%以内；而有的试点甚至将收购时长压缩到了40天以内，如泸州叙永寨和（37天）和泸州叙永高桥（33天）。整体来说所有试点的收购时长控制工作做的都比较好。

平准度方面，有三个试点的平准度控制在了50%以内，分别是广元剑阁剑门关（38.49%）、广元剑阁汉阳（40.09%）、泸州叙永寨和（46.36%）；其他试点（宜宾兴文大坝和凉山德昌大山除外）在50%~65%；而宜宾兴文大坝（80.27%）和凉山德昌大山（85.68%）的平准度均超过了80%，排名上表现较差，这两个试点的平准度有待改善。

## 6.4.2　各产区试点烟包在库时长分析

各产区试点收购点烟包在库时长及其比例见表6.14，大部分烟包都能在5天以内转运出库，所有试点5天以内的烟包占比平均值为75%。其中，宜宾兴文周家的数据比较特殊，5天以内烟包转运率仅为38%。

表 6.14 各产区试点收购点烟包在库时长及其比例

| 产区 | 试点收购点 | 1 天以内 | 1 天内平均值 | 3 天以内 | 3 天内平均值 | 5 天以内 | 5 天内平均值 |
|---|---|---|---|---|---|---|---|
| 广元剑阁 | 汉阳 | 10% | | 57% | | 81% | |
| | 剑门关 | 15% | | 62% | | 79% | |
| 凉山德昌 | 茨达 | 33% | | 67% | | 83% | |
| | 大山 | 23% | | 59% | | 74% | |
| | 铁炉 | 26% | 15.64% | 78% | 55.36% | 90% | 75.00% |
| | 永郎 | 22% | | 58% | | 75% | |
| 泸州叙永 | 高桥 | 20% | | 70% | | 90% | |
| | 麻城 | 8% | | 51% | | 74% | |
| | 寨和 | 2% | | 42% | | 78% | |
| 宜宾兴文 | 大坝 | 7% | | 39% | | 63% | |
| | 周家 | 6% | | 26% | | 38% | |

## 6.4.3 各产区试点烟包运输时长分析

各试点的烟包运输时长见表 6.15，大部分试点的平均运输时长都控制在了 12 小时以内，仅有剑门关（17.40 小时）、汉阳（21.90 小时）、大坝（60.90 小时）、周家（82.50 小时）不符合要求。而对于其中远超于平均运输时长的个例，即宜宾兴文大坝（最高时长：334.00 小时）和周家（最高时长：336.00 小时），如果将其剔除，则各试点的平均运输时长都能节省 20%~60%。

表 6.15 各产区试点收购点烟包运输时长

| 产区 | 试点收购点 | 现有平均运输时长（时） | 最高运输时长（时） | 剔除异常值的平均运输时长（时） | 平均节省运输时长（时） | 节省比例（%） |
|---|---|---|---|---|---|---|
| 广元剑阁 | 剑门关 | 17.40 | 71.90 | 12.20 | 5.20 | 29.89 |
| | 汉阳 | 21.90 | 68.00 | 17.40 | 4.50 | 20.55 |
| 凉山德昌 | 茨达 | 3.23 | 11.88 | 2.00 | 1.23 | 38.08 |
| | 大山 | 11.98 | 25.32 | 8.78 | 3.20 | 26.71 |
| | 铁炉 | 11.62 | 71.30 | 8.56 | 3.06 | 26.33 |
| | 永郎 | 4.32 | 18.57 | 2.58 | 1.74 | 40.28 |
| 泸州叙永 | 高桥 | 4.59 | 16.63 | 3.58 | 1.01 | 22.00 |
| | 麻城 | 7.07 | 16.14 | 4.50 | 2.57 | 36.35 |
| | 寨和 | 6.83 | 15.62 | 3.94 | 2.89 | 42.31 |

续表

| 产区 | 试点收购点 | 现有平均运输时长（时） | 最高运输时长（时） | 剔除异常值的平均运输时长（时） | 平均节省运输时长（时） | 节省比例（%） |
|---|---|---|---|---|---|---|
| 宜宾兴文 | 大坝 | 60.90 | 334.00 | 35.20 | 25.70 | 42.20 |
| | 周家 | 82.50 | 336.00 | 23.67 | 48.83 | 59.19 |

## 6.4.4 各产区试点烟包入库等待时长分析

各产区试点烟包入库等待时长见表6.16，除泸州叙永试点（高桥、麻城、寨和）没有该项数据以外，其他产区试点的入库等待时长情况不一：首先是广元剑阁的平均入库等待时长控制表现得相当突出，剑门关（1.90小时）和汉阳（2.58小时）的平均入库等待时长均在3小时以内；其次是宜宾兴文，大坝（9.20小时）和周家（10.70小时）的平均入库等待时长都保持在10小时左右；最后是凉山德昌产区的四个试点（茨达、大山、铁炉和永郎）的平均入库等待时长22.66小时。由此可以看出，在入库等待时长上各产区的差异比较明显。而且，在异常值方面，宜宾兴文出现了较大的问题，分析研究表明，如果能将宜宾兴文两个试点的入库等待时长异常值剔除，那么其入库等待时长将大幅缩短，降至2~3小时，相比原来的数值分别减少了74.24%和81.31%。

表6.16 各产区试点收购点烟包入库等待时长

| 产区 | 试点收购点 | 现有平均入库等待时长（时） | 最长入库等待时长（时） | 剔除异常值后的平均入库等待时长（时） | 平均入库等待时长缩减值（时） | 缩短时间占比（%） |
|---|---|---|---|---|---|---|
| 广元剑阁 | 剑门关 | 1.90 | 17.67 | 1.39 | 0.51 | 26.84 |
| | 汉阳 | 2.58 | 17.81 | 1.14 | 1.44 | 55.81 |
| 凉山德昌 | 茨达 | 22.66 | 111.50 | 15.69 | 6.97 | 30.76 |
| | 大山 | | | | | |
| | 铁炉 | | | | | |
| | 永郎 | | | | | |
| 泸州叙永 | 高桥 | — | — | — | — | — |
| | 麻城 | | | | | |
| | 寨和 | | | | | |
| 宜宾兴文 | 大坝 | 9.20 | 43.00 | 2.37 | 6.83 | 74.24 |
| | 周家 | 10.70 | 47.00 | 2.00 | 8.70 | 81.31 |

## 6.4.5 各产区试点烟包入库质检时长分析

各产区试点烟包入库质检时长见表 6.17。由表 6.17 可知，相较于入库等待时长的明显性差异，各产区试点的入库质检时长显得较为平均，均保持在 15~45 小时，其中，宜宾兴文在该项上没有数据。在入库质检时长上，用时最短的反而是入库等待时长最长的凉山德昌产区的试点（茨达、大山、铁炉和永郎），仅用 16.62 小时。广元剑阁次之（剑门关 31.97 小时、汉阳 26.10 小时），泸州叙永最差（高桥、麻城和寨和平均用时为 44.54 小时）。而对于各产区试点的异常值剔除分析同样发现，各产区试点的数据也有较大提升。

表 6.17 各产区试点收购点烟包入库质检时长

| 产区 | 试点收购点 | 平均入库质检时长（时） | 最长入库质检时长（时） | 剔除异常值后平均入库质检时长（时） | 节省时间（时） | 节省时间占比（%） |
|---|---|---|---|---|---|---|
| 广元剑阁 | 剑门关 | 31.97 | 88.82 | 26.01 | 5.96 | 18.64 |
|  | 汉阳 | 26.10 | 118.02 | 18.76 | 7.34 | 28.12 |
| 凉山德昌 | 茨达 | 16.62 | 112.30 | 9.69 | 6.93 | 41.70 |
|  | 大山 |  |  |  |  |  |
|  | 铁炉 |  |  |  |  |  |
|  | 永郎 |  |  |  |  |  |
| 泸州叙永 | 高桥 | 44.54 | 485.87 | 33.23 | 11.31 | 25.39 |
|  | 麻城 |  |  |  |  |  |
|  | 寨和 |  |  |  |  |  |
| 宜宾兴文 | 大坝 | — | — | — | — | — |
|  | 周家 |  |  |  |  |  |

## 6.4.6 衔接各环节的信息系统需持续完善

笔者在收集各烟叶产区试点收购点 2020 年度烟包收调存环节数据时发现衔接各环节的信息系统中主要存在以下四个方面的问题。

(1) 鉴于 E 产区试点收购点和相应仓储中心的信息系统不健全，笔者未能获取 2020 年度该产区试点收购点烟叶的收调存相关详细数据,也就无法开展现状分析和问题挖掘工作。

(2)在获取 $B_1$ 和 $B_2$ 试点收购点烟叶相关数据时均出现"部分烟包扫码出库时间与其对应调运单号的烟包扫码出库时间段不吻合"的情况;而且 $B_2$ 试点收购点出现"部分调运单号中调运总件数前后不一致(T202010180294 烟包扫码出库 300 包,仓库入库 302 包)"的情况。

(3)在获取试点收购点烟叶数据时,存在几处第二次获取数据时被纠正的情况:①在第一次获得 $B_1$ 试点收购点数据时,"大量存在烟包调运单号数据中调运单号的车辆到仓储中心排队时间点早于调运时间(出发时间)"和"烟包编码为 911151080001012010101000030910304000GY0000001885 的烟包显示烟包入库时间点晚于烟包出库时间点"的情况,却在第二次获得数据时被纠正;②在第一次获得 $B_2$ 试点收购点数据时,"有 182 个拥有烟包编码的烟包显示位于调运单号 T202011020444 中,但 T202011020444 已包含在 $B_1$ 试点收购点数据中",在第二次获取数据时被更正为 $B_1$ 里的数据;③第一次获取 D 产区试点收购点数据中出现"6 例调运单号的调运相关信息没有显示",而在第二次获取数据时被完善的情况。

(4)$D_1$ 和 $D_2$ 试点收购点烟包调运环节存在多个试点结合在一个调运单号中的情况。往往是在 $D_1$ 试点收购点载货量不足的情况下前往 $D_2$ 试点收购点加装烟包,这会导致烟包的运输时长无法合理计算,烟包是否入库也无法得到有效反馈。

## 6.5 2021 年与 2020 年试点收购点"四长一度"对比分析

### 6.5.1 各产区试点收购时长与平准度

凉山德昌县各试点的收购时长与平准度如图 6.2~图 6.9 所示。

茨达、大山、铁炉和永郎 2020 年的离散系数分别为 56.96%、73.68%、71.97% 和 84.34%,而在 2021 年,四个试点收购点加权后的离散系数分别为 53.84%、85.68%、55.83% 和 59.47%,经过对比可以看出,除大山收购点的平准度略有下降以外,其他试点有所提升,且铁炉和永郎有较大提升。

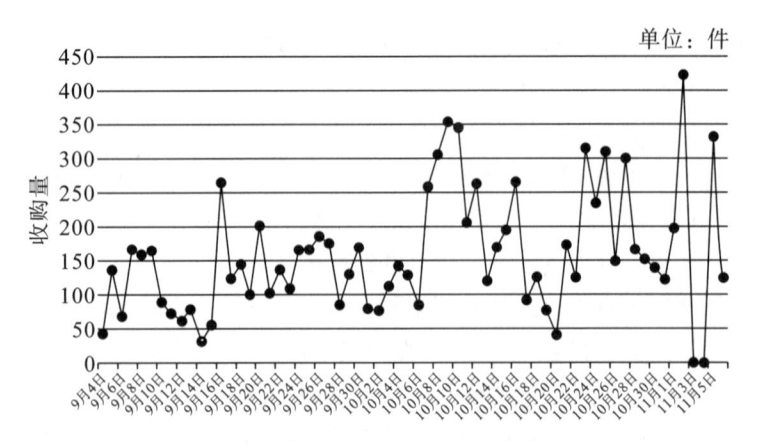

图 6.2　2020 年茨达收购曲线

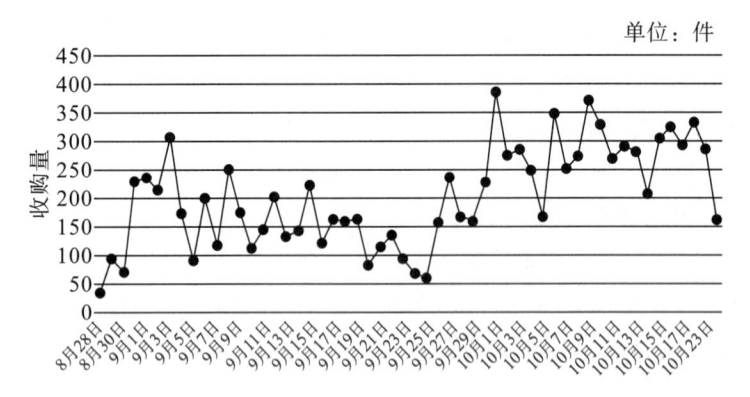

图 6.3　2021 年茨达收购曲线

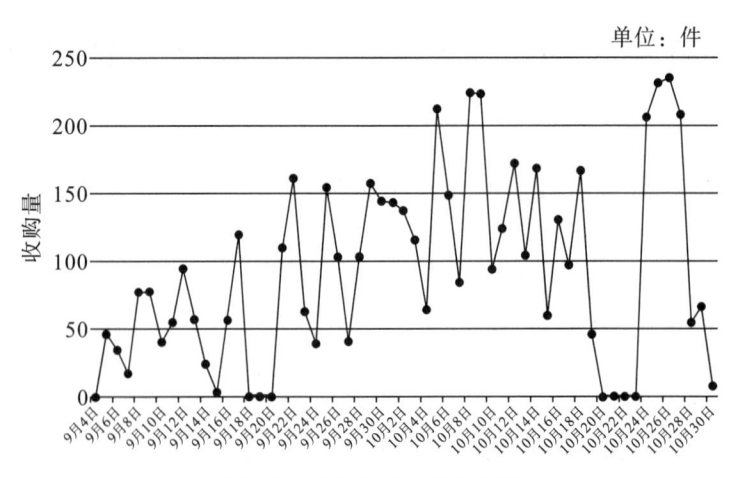

图 6.4　2020 年大山收购曲线

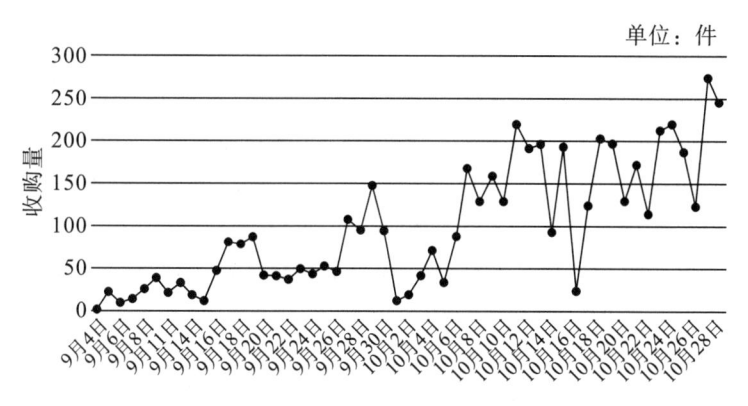

## 第6章 基于收调存环节的烟叶精益物流关键指标实践研究

图6.5 2021年大山收购曲线

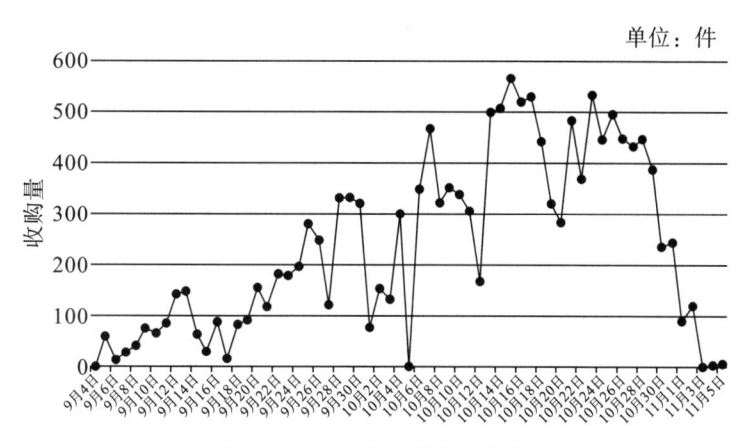

图6.6 2020年铁炉收购曲线

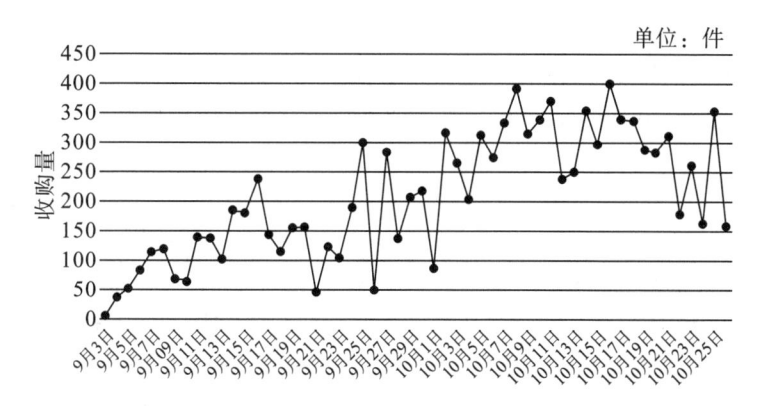

图6.7 2021年铁炉收购曲线

图 6.8 2020 年永郎收购曲线

图 6.9 2021 年永郎收购曲线

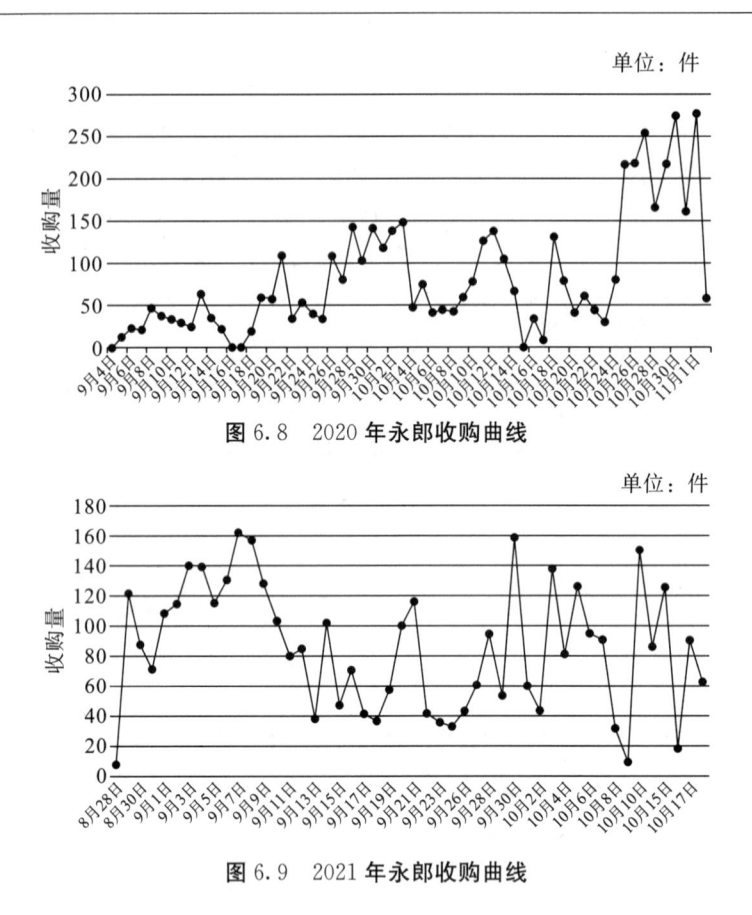

广元剑阁县各试点的收购时长与平准度如图 6.10~图 6.13 所示。

2020 年，剑门关和汉阳收购点的离散系数分别为 41.13% 和 46.41%，而在 2021 年，剑门关和汉阳收购点加权后的离散系数分别为 38.49% 和 40.09%，在 2020 年的基础上，两个试点的平准度都有所提升。

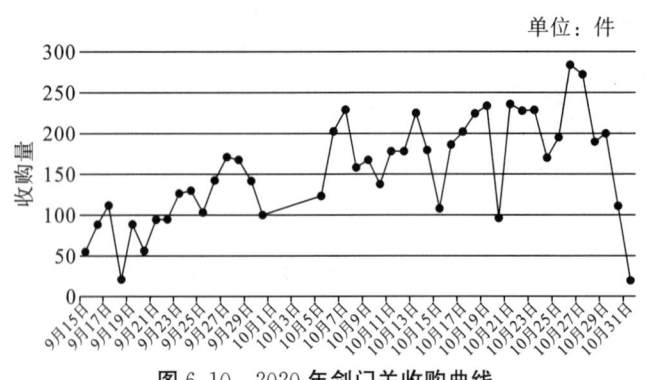

图 6.10 2020 年剑门关收购曲线

第 6 章　基于收调存环节的烟叶精益物流关键指标实践研究

图 6.11　2021 年剑门关收购曲线

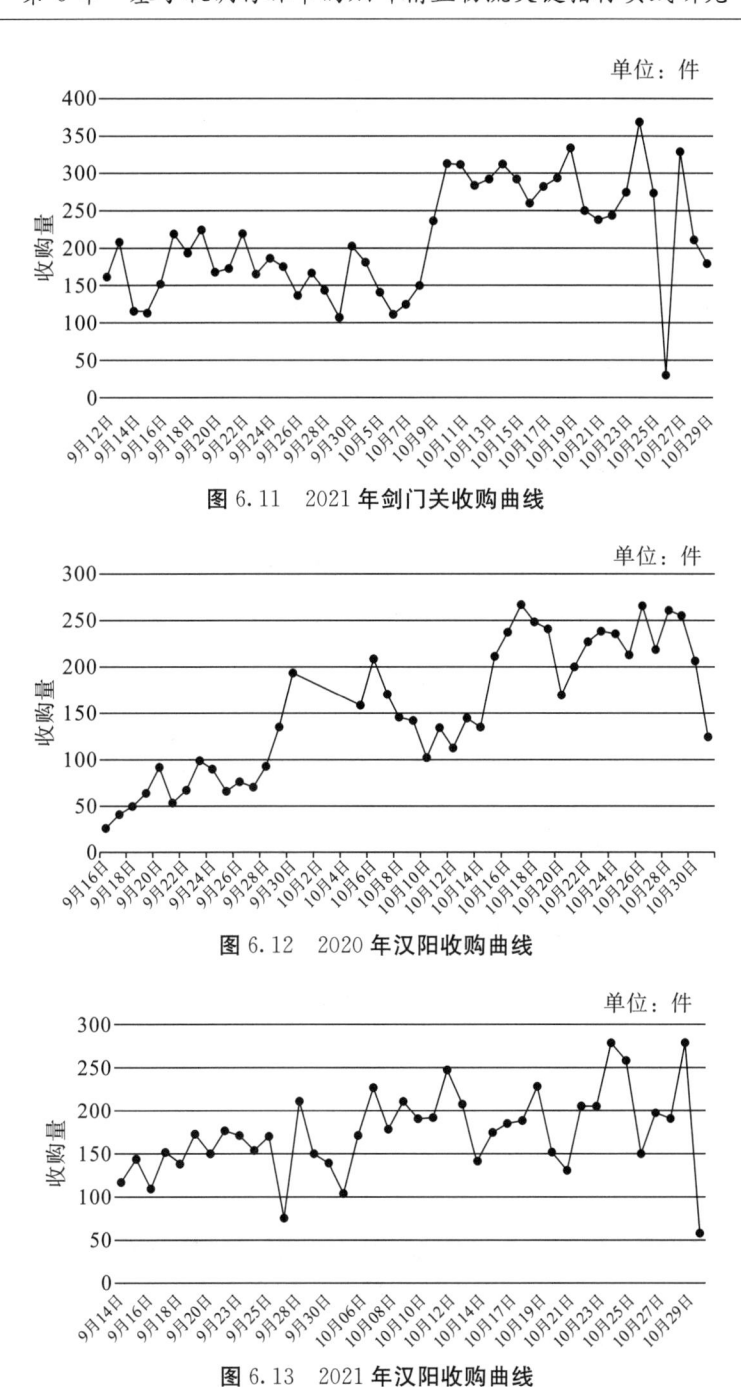

图 6.12　2020 年汉阳收购曲线

图 6.13　2021 年汉阳收购曲线

泸州叙永县各试点的收购时长与平准度如图 6.14~图 6.19 所示。

2020 年，麻城、高桥和寨和收购点的离散系数分别为 74.07%、62.69% 和

75.93%，而 2021 年三个收购点加权后的离散系数分别为 55.75%、52.30% 和 46.36%，相较于上一年，三个试点的平准度都有较大提升。

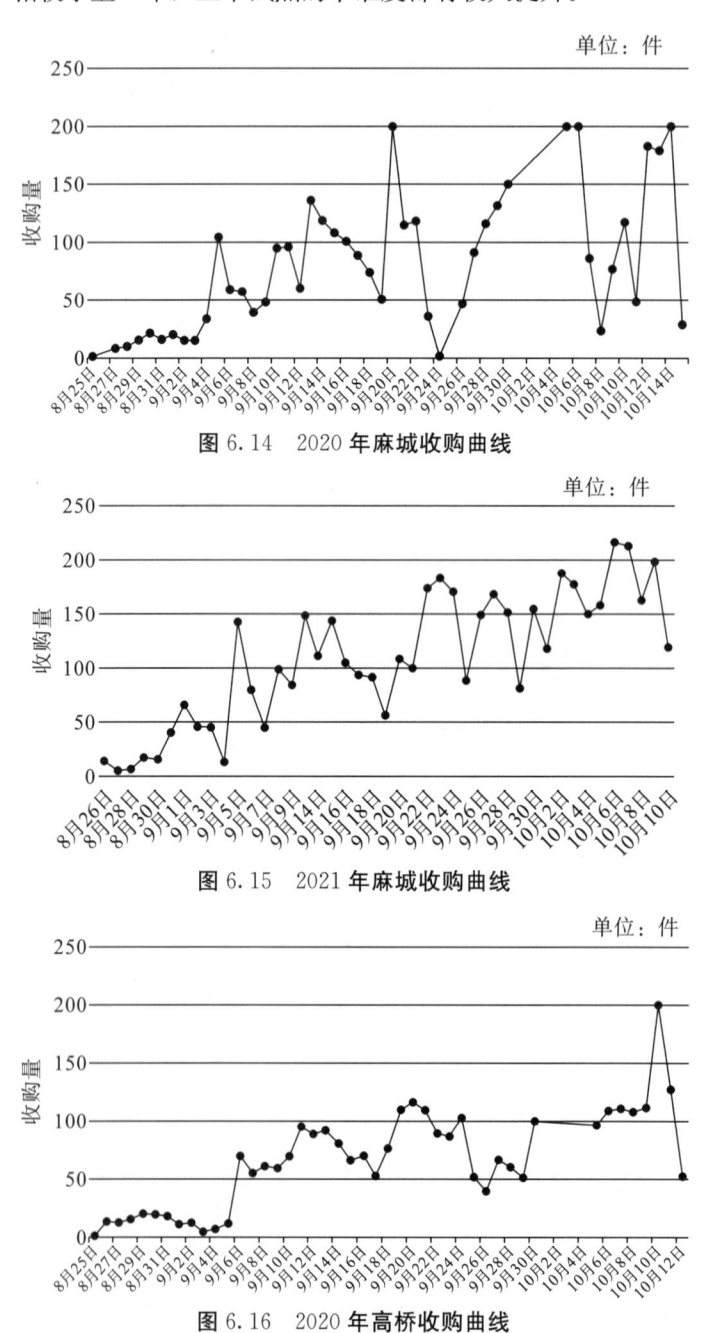

图 6.14 2020 年麻城收购曲线

图 6.15 2021 年麻城收购曲线

图 6.16 2020 年高桥收购曲线

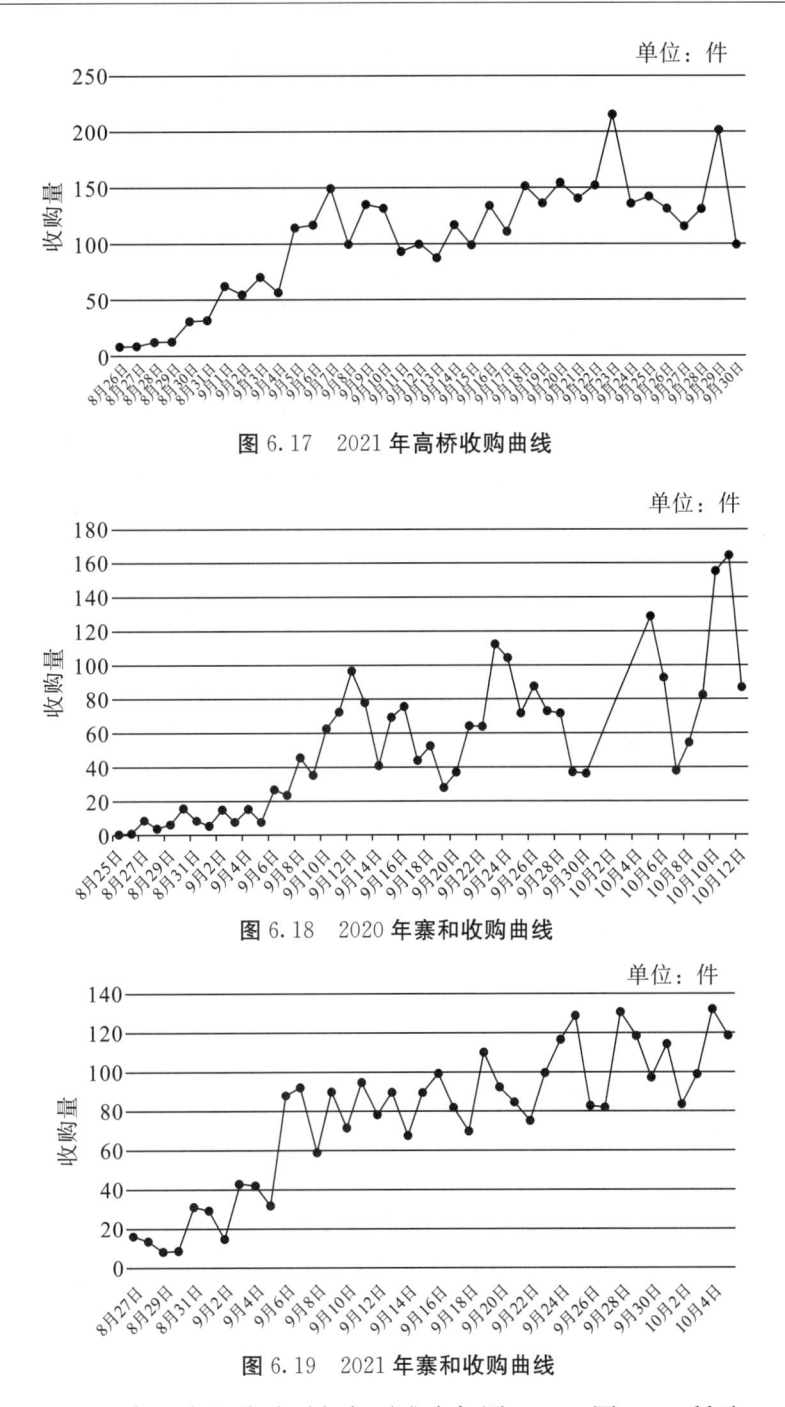

## 第6章 基于收调存环节的烟叶精益物流关键指标实践研究

图 6.17 2021 年高桥收购曲线

图 6.18 2020 年寨和收购曲线

图 6.19 2021 年寨和收购曲线

宜宾兴文县各试点的收购时长与平准度如图 6.20～图 6.23 所示。
2020 年大坝和周家收购点的离散系数分别为 39.98% 和 62.42%，而 2021

75

年两个收购点加权后的离散系数分别为 80.27% 和 63.98%，与 2020 年相比，大坝收购点的平准度则表现较差，周家收购点则几乎保持不变。

图 6.20 2020 年大坝收购曲线

图 6.21 2021 年大坝收购曲线

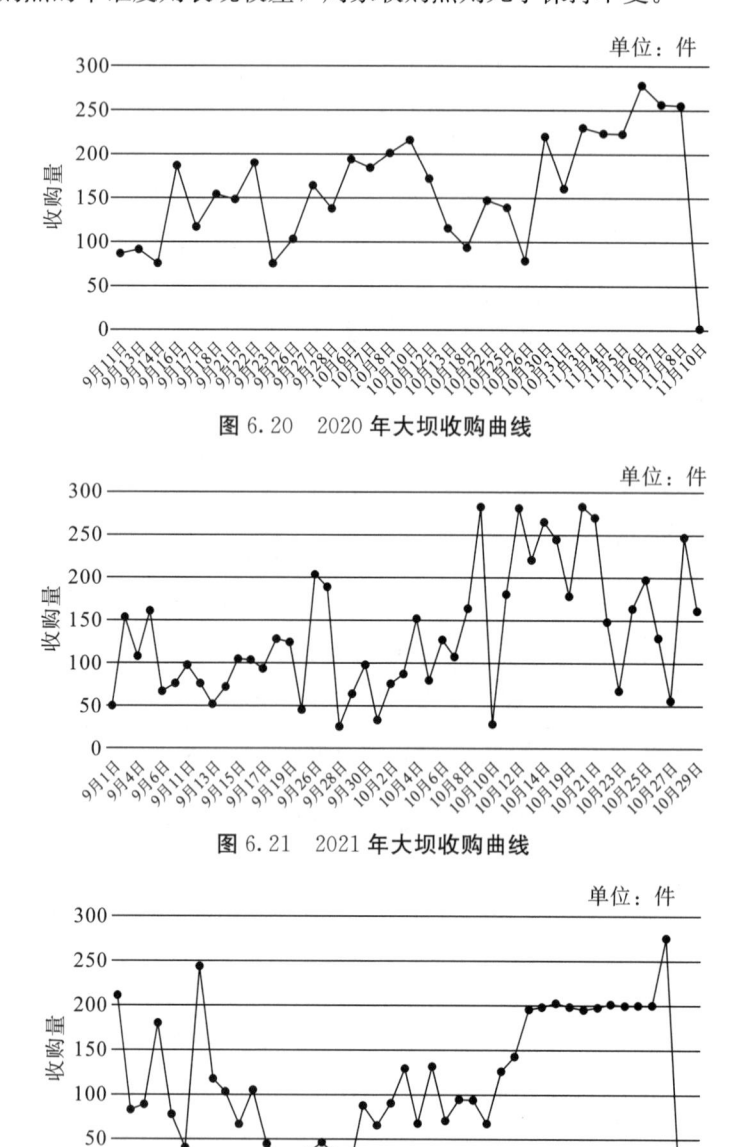

图 6.22 2020 年周家收购曲线

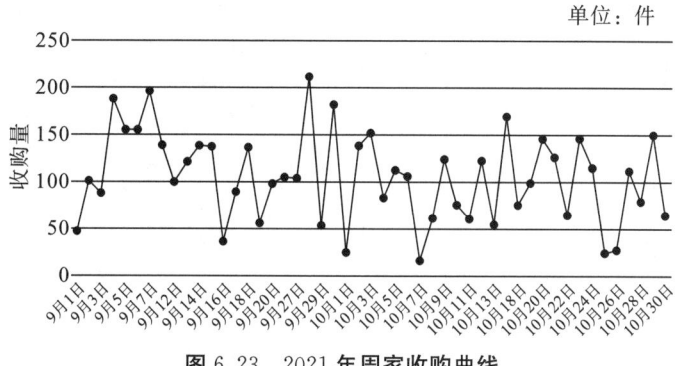

# 第6章 基于收调存环节的烟叶精益物流关键指标实践研究

图6.23 2021年周家收购曲线

## 6.5.2 各产区试点烟包在库时长

凉山德昌县各试点烟包在库时长如图6.24~图6.31所示。

2020年，德昌县四个试点茨达、大山、铁炉和永郎收购点达到三天以内调运的烟包占比分别为62%、72%、87%、43%，而2021年四个收购点三天以内的调运比例分别为67%、60%、78%、58%。茨达和永郎收购点的情况有所改善，但大山和铁炉收购点的情况则变差。

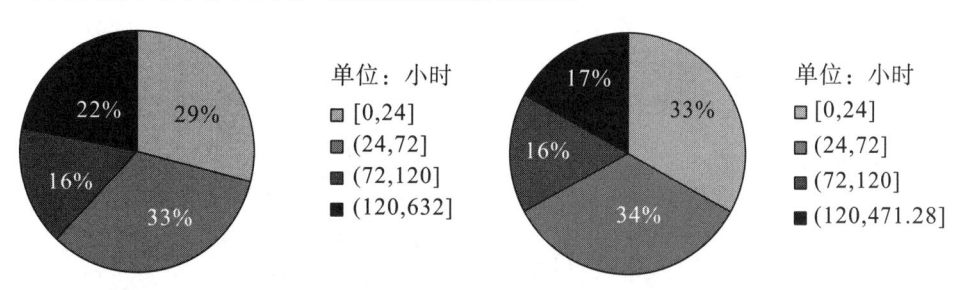

图6.24 2020年茨达烟包在库时长情况

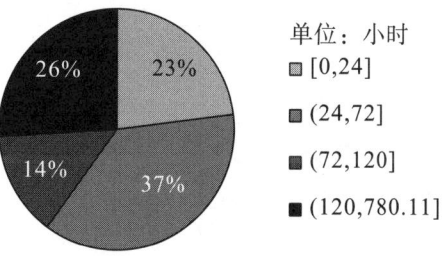

图6.25 2021年茨达烟包在库时长情况

图6.26 2020年大山烟包在库时长情况

图6.27 2021年大山烟包在库时长情况

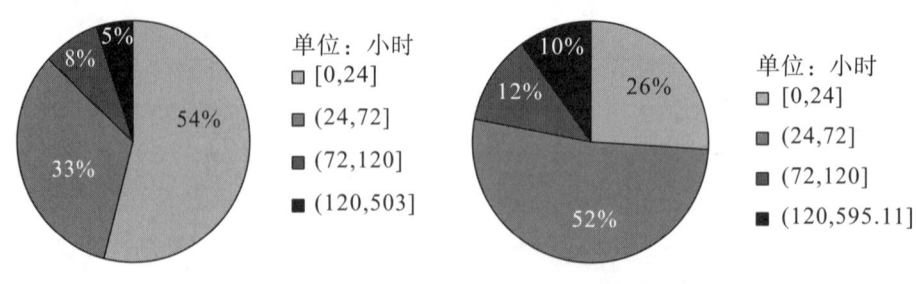

图 6.28　2020 年铁炉烟包在库时长情况　　图 6.29　2021 年铁炉烟包在库时长情况

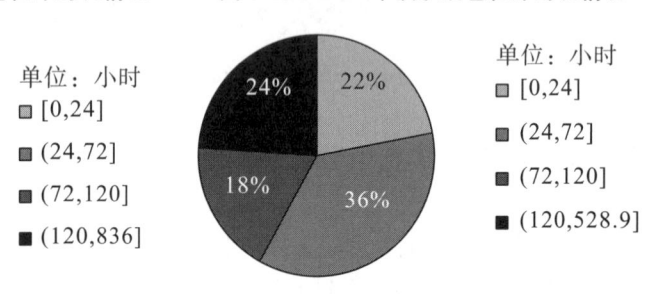

图 6.30　2020 年永郎烟包在库时长情况　　图 6.31　2021 年永郎烟包在库时长情况

广元剑阁县各试点烟包在库时长如图 6.32~图 6.35 所示。

2020 年，剑阁县两个试点剑门关和汉阳收购点达到三天以内调运的烟包占比分别为 78%、85%，而 2021 年两个收购点三天以内的调运比例分别为 62%、57%，剑门关和汉阳的三天以内的调运占比均有所下滑。

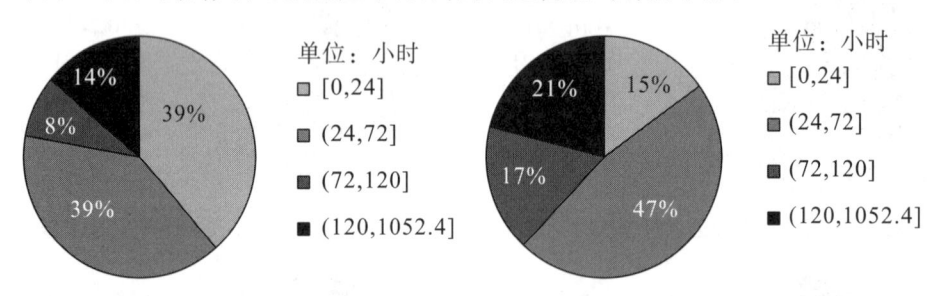

图 6.32　2020 年剑门关烟包在库时长情况　　图 6.33　2021 年剑门关烟包在库时长情况

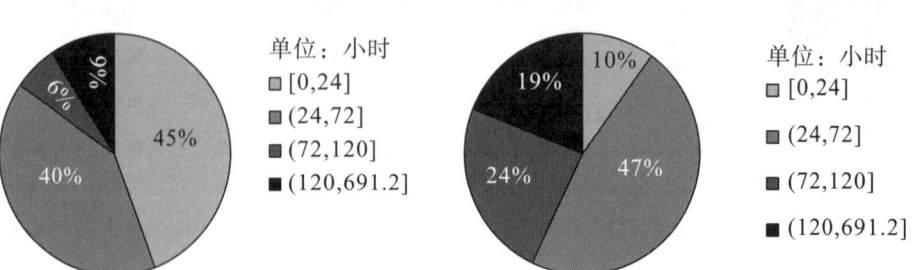

图 6.34　2020 年汉阳烟包在库时长情况　　图 6.35　2021 年汉阳烟包在库时长情况

泸州叙永各试点烟包在库时长如图 6.36～图 6.41 所示。

2020 年，叙永县三个试点麻城、高桥和寨和收购点达到三天以内调运的烟包占比分别为 14%、41%、26%。而 2021 年三个收购点三天以内的调运比例分别为 51%、70%、42%。三个收购点的调运情况均有较大改善。

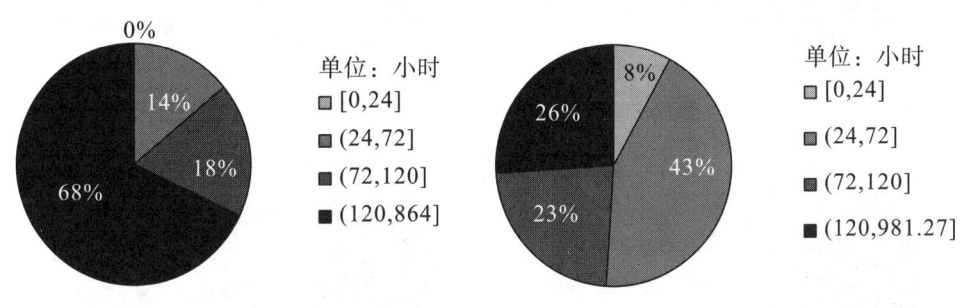

图 6.36　2020 年麻城烟包在库时长情况

图 6.37　2021 年麻城烟包在库时长情况

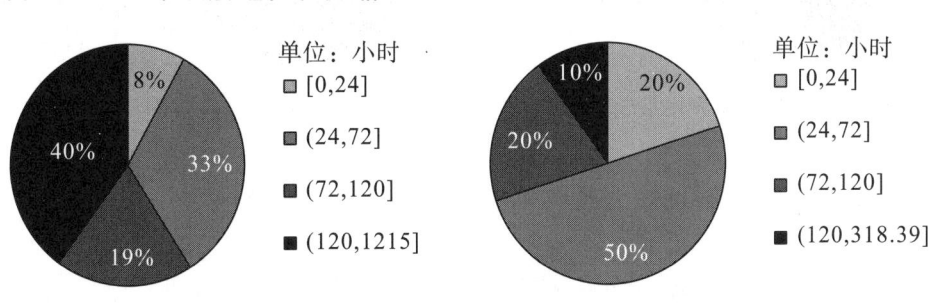

图 6.38　2020 年高桥烟包在库时长情况

图 6.39　2021 年高桥烟包在库时长情况

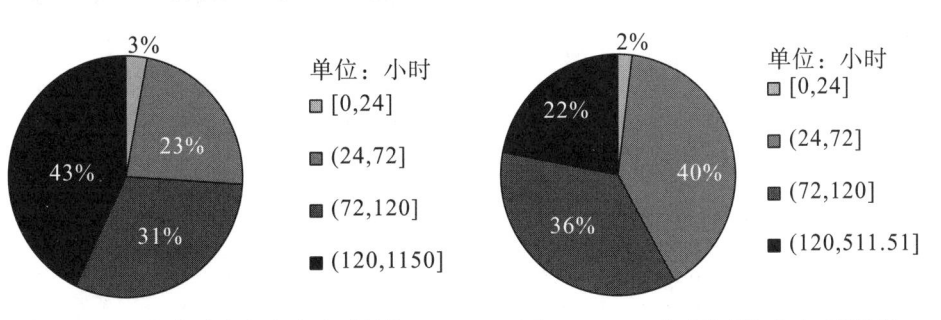

图 6.40　2020 年寨和烟包在库时长情况

图 6.41　2021 年寨和烟包在库时长情况

宜宾兴文各试点烟包在库时长如图 6.42～图 6.45 所示。

2020 年，兴文县两个试点大坝、周家收购点达到三天以内调运的烟包占比分别为 34%、35%，而 2021 年四个收购点三天以内的调运占比分别为 39%、26%。大坝的调运比例有所提升，但周家的调运比例略有下降。

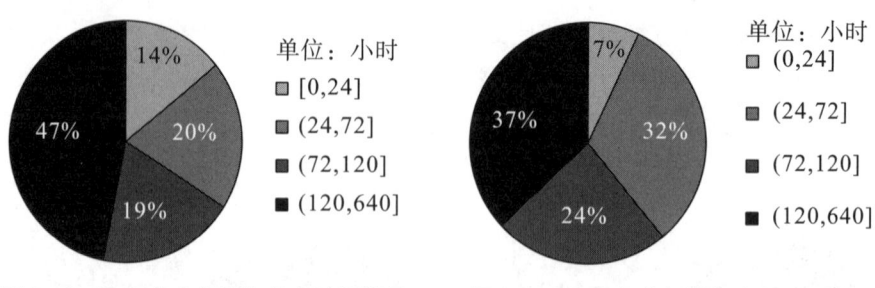

图 6.42　2020 年大坝烟包在库时长情况　　图 6.43　2021 年大坝烟包在库时长情况

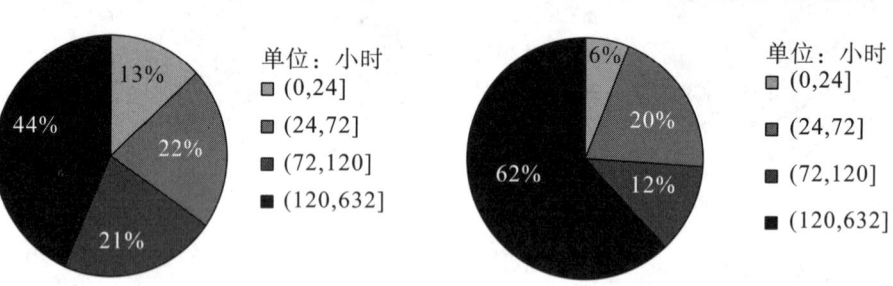

图 6.44　2020 年周家烟包在库时长情况　　图 6.45　2021 年周家烟包在库时长情况

## 6.5.3　各产区试点烟包运输时长

凉山德昌县各试点烟包运输时长如图 6.46~图 6.53 所示。

由图 6.46~图 6.53 可知，德昌县四个试点烟包运输时长较 2020 年均有所优化。

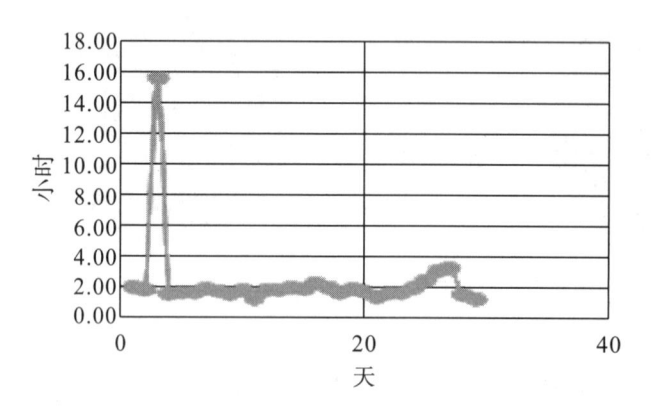

图 6.46　2020 年茨达烟包运输时长曲线

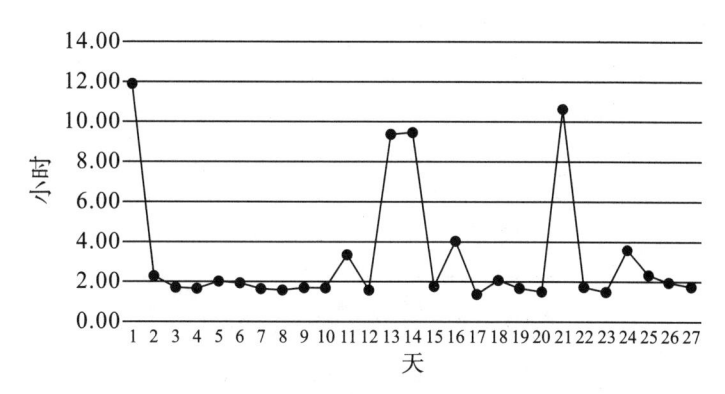

# 第6章 基于收调存环节的烟叶精益物流关键指标实践研究

图 6.47　2021 年茨达烟包运输时长曲线

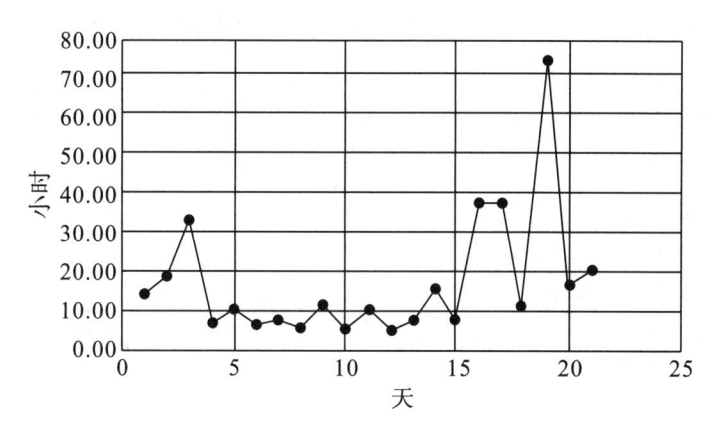

图 6.48　2020 年大山烟包运输时长曲线

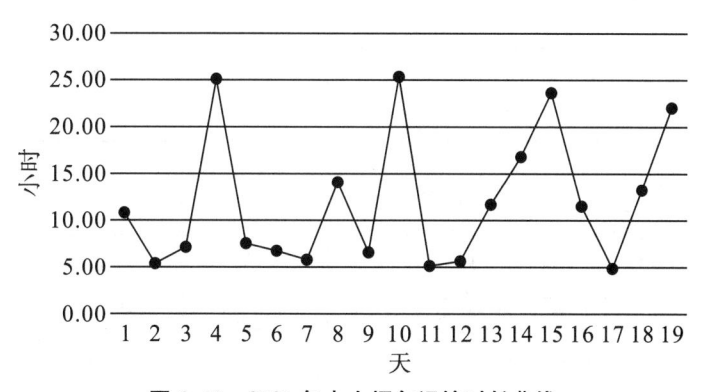

图 6.49　2021 年大山烟包运输时长曲线

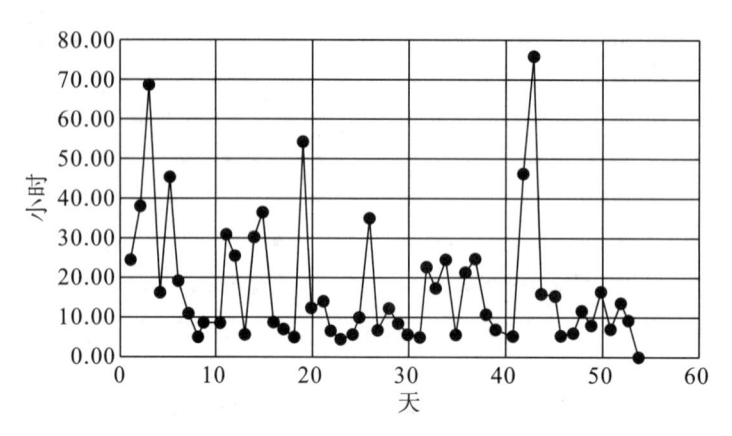

图 6.50　2020 年铁炉烟包运输时长曲线

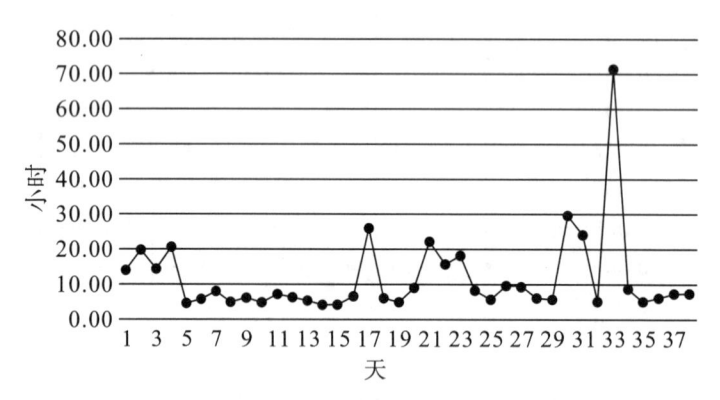

图 6.51　2021 年铁炉烟包运输时长曲线

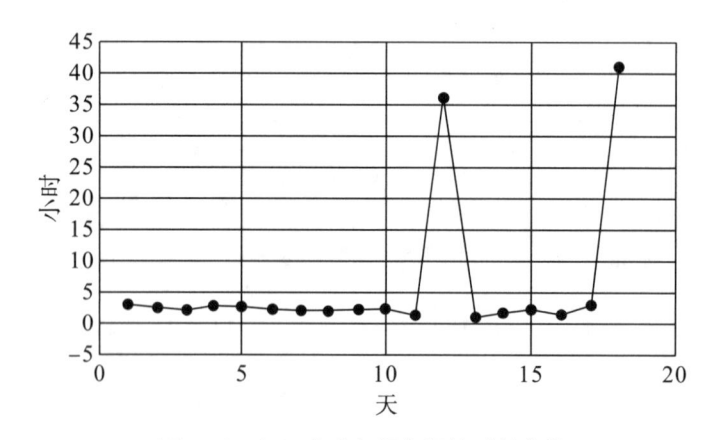

图 6.52　2020 年永郎烟包运输时长曲线

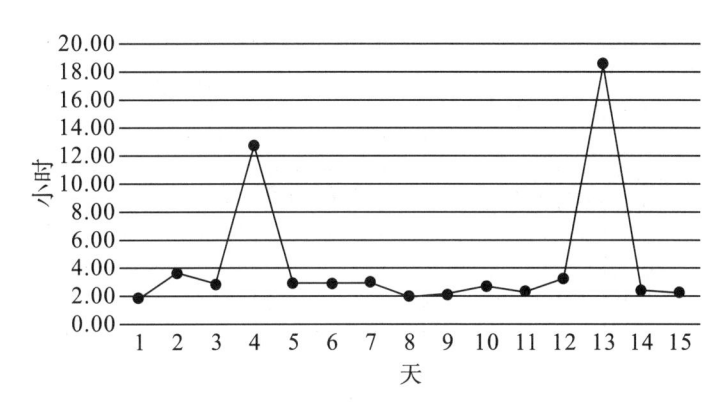

第6章 基于收调存环节的烟叶精益物流关键指标实践研究

图 6.53 2021 年永郎烟包运输时长曲线

广元剑阁县各试点烟包运输时长如图 6.54~图 6.57 所示。

由图 6.54~图 6.57 可知，2021 年剑阁县两个试点烟包运输时长较 2020 年均有所优化。

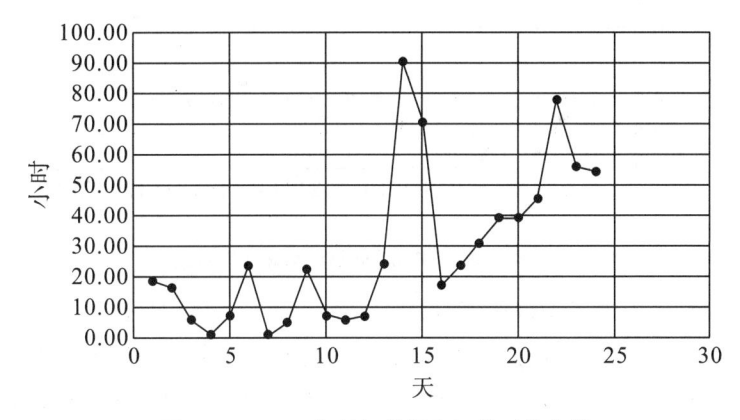

图 6.54 2020 年剑门关烟包运输时长曲线

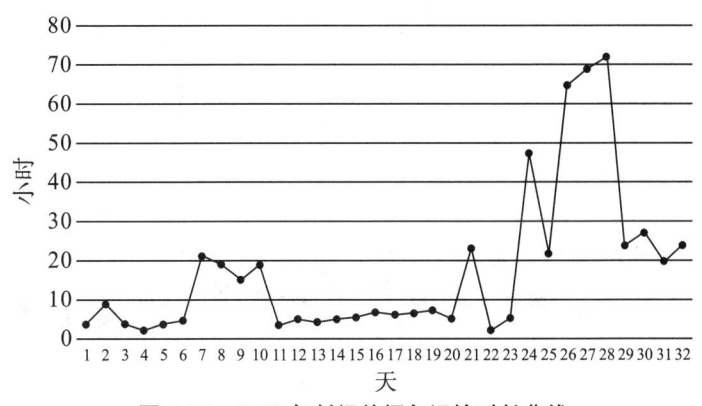

图 6.55 2021 年剑门关烟包运输时长曲线

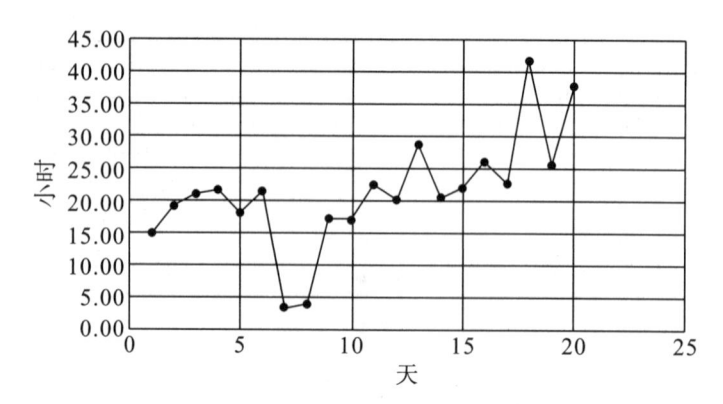

图 6.56　2020 年汉阳烟包运输时长曲线

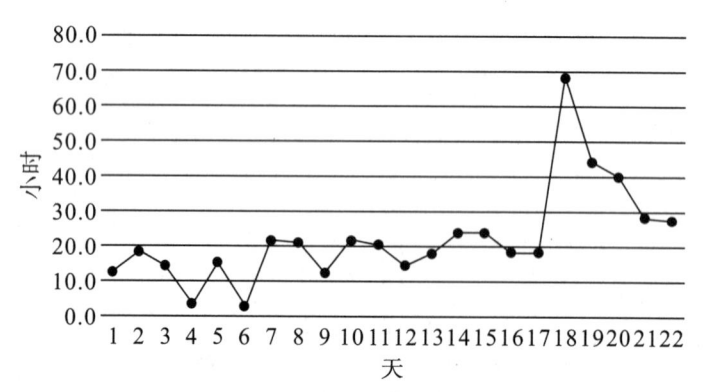

图 6.57　2021 年汉阳烟包运输时长曲线

泸州叙永县各试点烟包运输时长如图 6.58~图 6.63 所示。

由图 6.58~图 6.63 可知，叙永县三个试点烟包运输时长较 2020 年均有较大优化，以麻城收购点为例，剔除了超时太多的异常值，其平均运输时长也缩短了几倍之多。

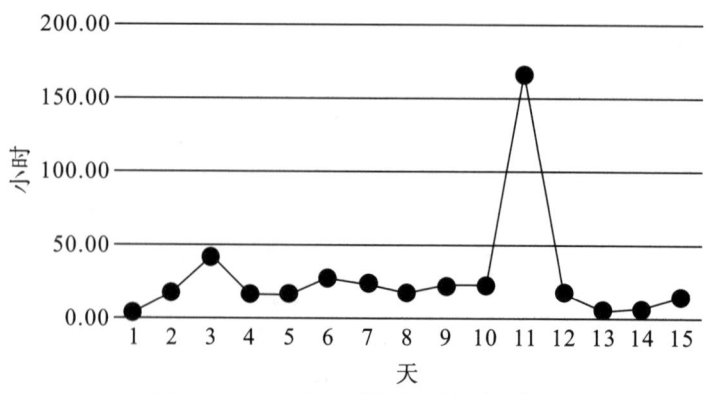

图 6.58　2020 年麻城烟包运输时长曲线

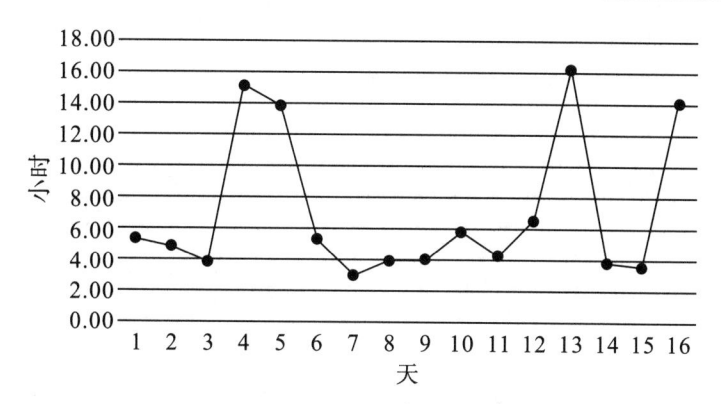

第6章 基于收调存环节的烟叶精益物流关键指标实践研究

图 6.59 2021 年麻城烟包运输时长曲线

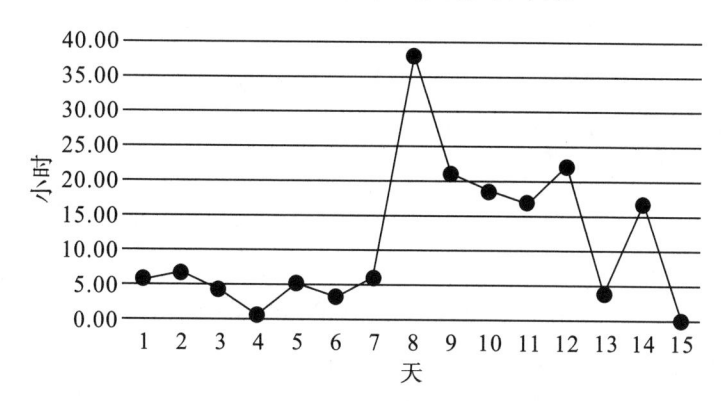

图 6.60 2020 年高桥烟包运输时长曲线

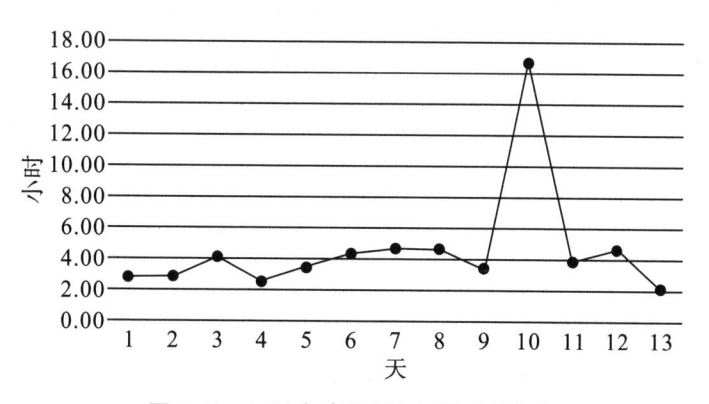

图 6.61 2021 年高桥烟包运输时长曲线

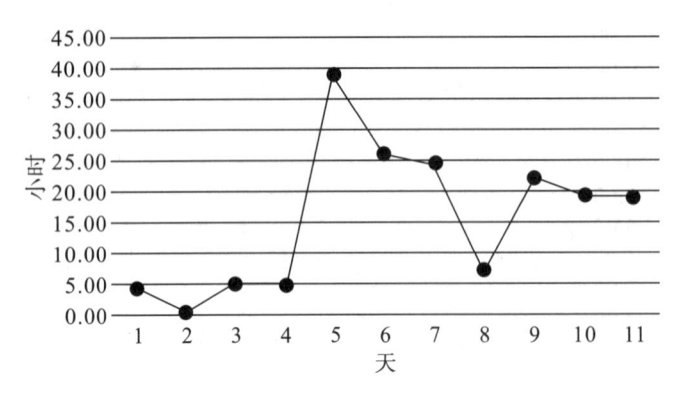

图 6.62 2020 年寨和烟包运输时长曲线

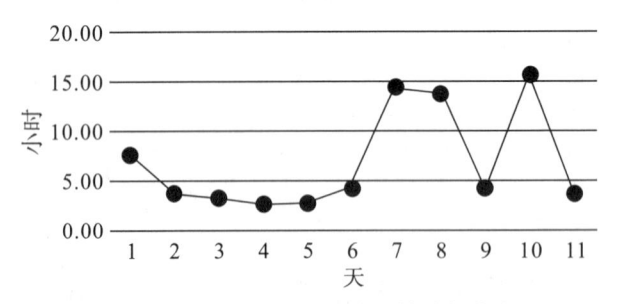

图 6.63 2021 年寨和烟包运输时长曲线

宜宾兴文县各试点烟包运输时长如图 6.64~图 6.66 所示。

2020 年，宜宾兴文县两个试点收购点采用统一运输的方式，因此只能得到两地总体的运输时长数据。由运输时长图像可知，2021 年，两个试点对于运输时长并没有做出太多优化，平均时长基本保持不变（2020 年，兴文平均运输时长 61.1 小时；2021 年，大坝平均运输时长 60.9 小时、周家平均运输时长 82.5 小时），异常值依然存在。

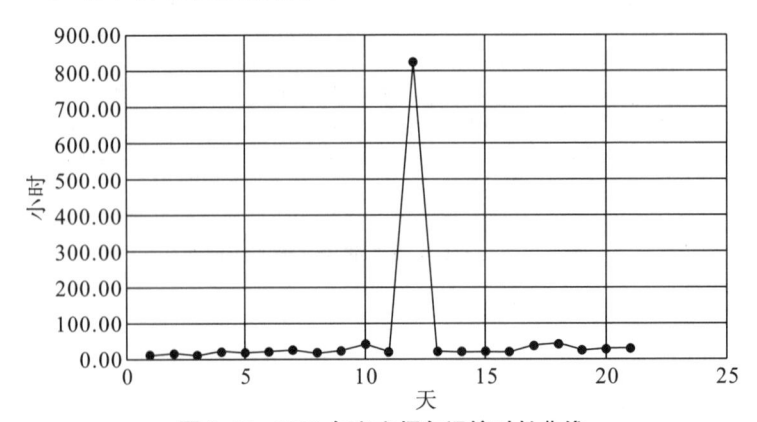

图 6.64 2020 年兴文烟包运输时长曲线

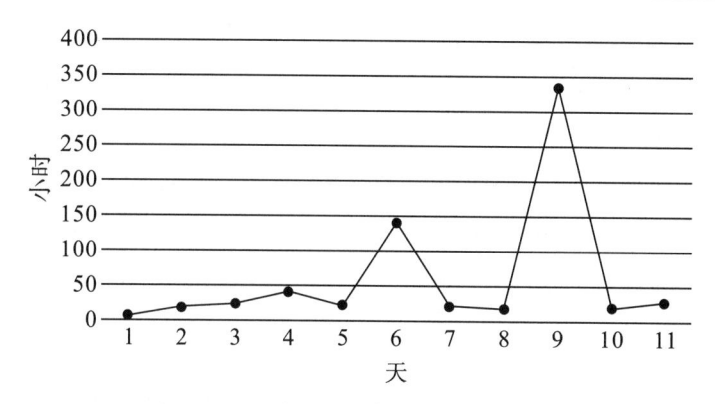

第 6 章 基于收调存环节的烟叶精益物流关键指标实践研究

图 6.65 2020 年大坝烟包运输时长曲线

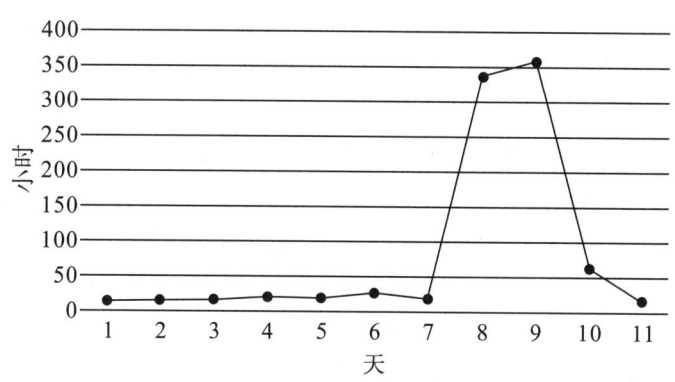

图 6.66 2021 年周家烟包运输时长曲线

## 6.5.4 各产区试点烟包入库等待时长

凉山德昌县各试点烟包入库等待时长如图 6.67 和图 6.68 所示。

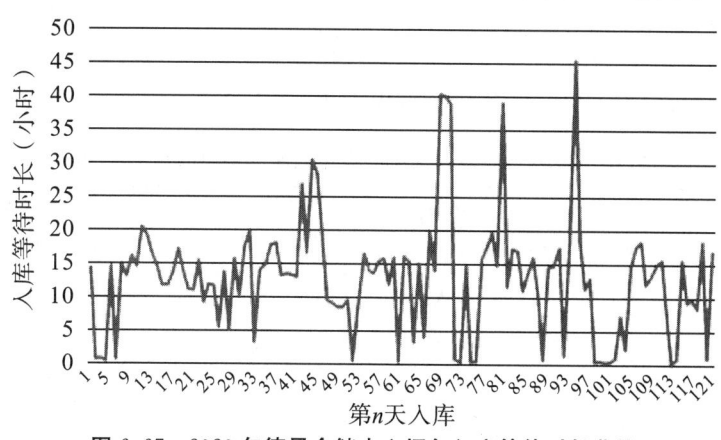

图 6.67 2020 年德昌仓储中心烟包入库等待时长曲线

87

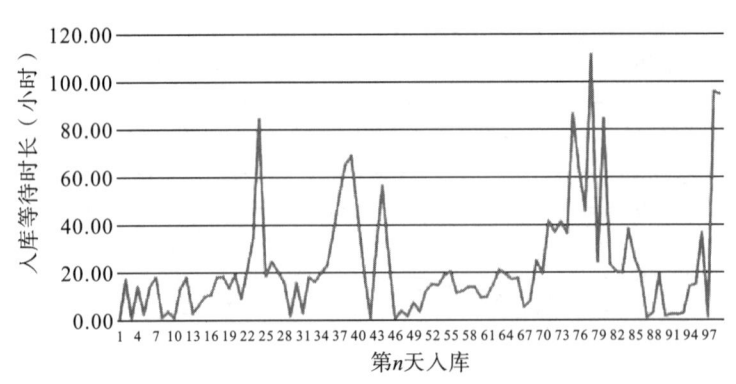

图 6.68　2021 年德昌仓储中心烟包入库等待时长曲线

由图 6.67 可知，2020 年，到达德昌仓储中心的车辆入库等待（排队）时长均值为 13 小时，最长的排队时长达到 45 小时。通过对异常数据进行剔除，重新计算各个车次的平均入库等待（排队）时长，到达德昌仓储中心的车辆排队时长均值为 11 小时，平均入库等待时长缩减 2 小时。

2021 年，到达德昌仓储中心的车辆入库等待（排队）时长均值为 22.66 小时，最长的排队时长达到 111.50 小时。通过对异常数据进行剔除，重新计算各个车次的平均入库等待（排队）时长，到达德昌仓储中心的车辆排队时长均值为 15.69 小时，平均入库等待时长缩减 6.97 小时。这说明德昌仓储中心的车辆排队时长存在进一步的提升空间。

综合上述分析，从 2020 年到 2021 年，德昌仓储中心的入库等待时长有所下降。尝试通过加强卸车人员的技能培训、优化每日车辆到达仓储中心的时间安排，在解决仓储中心拥挤排队现象的同时，可以节约第三方运输公司车辆与人工的成本，在未来对担烟单位运输成本的降低将起到重要的核算依据作用。

笔者以超过 $\bar{x}+\sigma$（$\bar{x}$ 为平均值，$\sigma$ 为标准差）的数据为异常值处理原则，剔除异常数据后，计算出平均入库等待（排队）时长，2020 年和 2021 年德昌仓储中心烟包入库的等待时长优化见表 6.18 和表 6.19。

表 6.18　2020 年德昌仓储中心烟包入库的等待时长优化分析

| 入库等待时长 | 数值 |
| --- | --- |
| 平均入库等待（排队）时长（小时） | 13 |
| 最长入库等待（排队）时长（小时） | 45 |
| 最短入库等待（排队）时长（小时） | 0 |
| 剔除异常值后的平均入库等待（排队）时长（小时） | 11 |
| 平均入库等待（排队）时长缩减值（小时） | 2 |

# 第 6 章 基于收调存环节的烟叶精益物流关键指标实践研究

表 6.19 2021 年德昌仓储中心烟包入库的等待时长优化分析

| 入库等待时长 | 数值 |
| --- | --- |
| 平均入库等待（排队）时长（小时） | 22.66 |
| 最长入库等待（排队）时长（小时） | 111.50 |
| 最短入库等待（排队）时长（小时） | 0.28 |
| 剔除异常值后的平均入库等待（排队）时长（小时） | 15.69 |
| 平均入库等待（排队）时长缩减值（小时） | 6.97 |

广元剑阁县各试点烟包入库等待时长如图 6.69~图 6.72 所示。

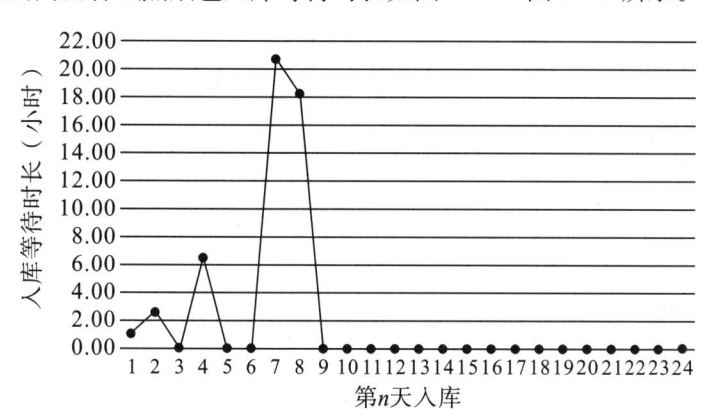

图 6.69 2020 年剑门关烟包入库等待时长曲线

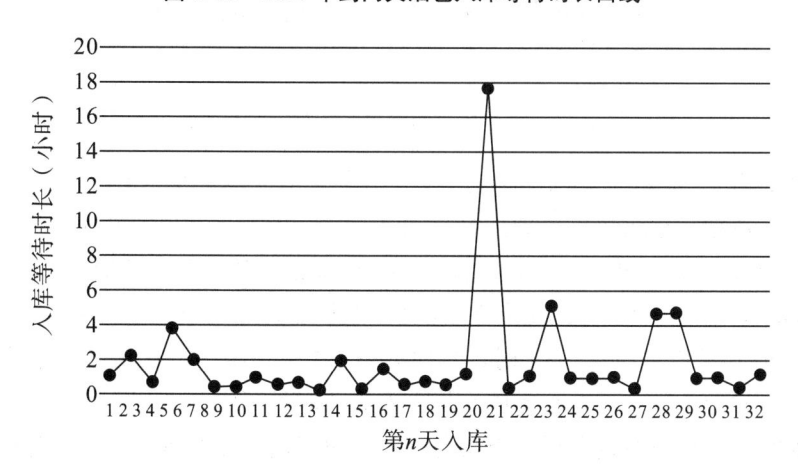

图 6.70 2021 年剑门关烟包入库等待时长曲线

89

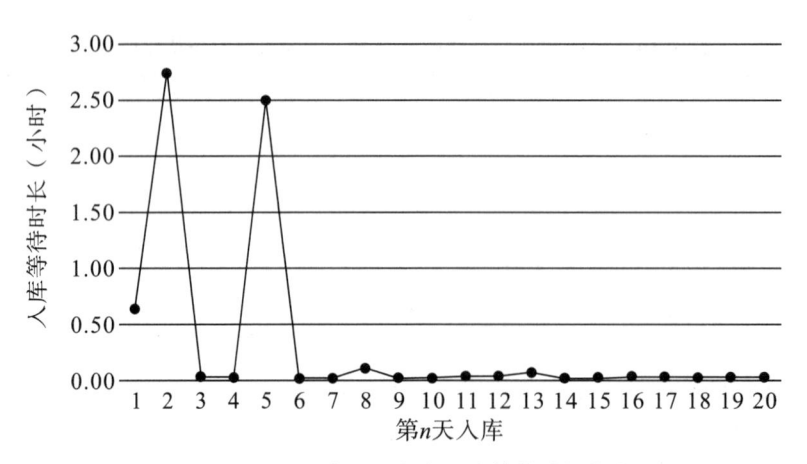

图 6.71　2020 年汉阳烟包入库等待时长曲线

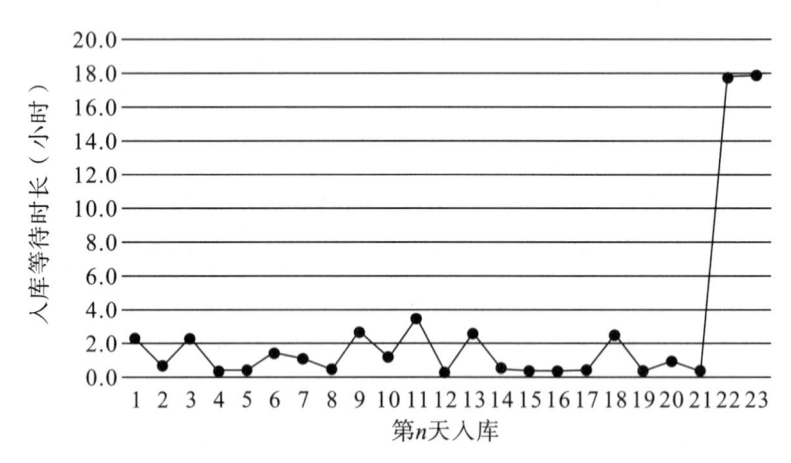

图 6.72　2021 年汉阳烟包入库等待时长曲线

2020 年，运输剑门关收购点烟叶的车次平均入库等待时长为 2.05 小时，剔除异常数据，重新计算出剑门关收购点烟叶的车次平均排队时长为 0.02 小时，平均节约 2.03 小时；汉阳收购点烟叶的车次平均入库等待时长为 0.31 小时，剔除异常的数据，重新计算出汉阳收购点烟叶的车次平均排队时长为 0.06 小时，平均节约 0.25 小时，具体见表 4.21。由此可见，在剑阁县仓储中心处，运输两个试点烟叶车辆的平均入库等待时长不同。

2021 年，汉阳收购点到达剑阁仓储中心的车辆入库等待（排队）时长均值为 2.58 小时，最长的排队时长达到 17.81 小时。通过对异常数据进行剔除，重新计算各个车次的平均入库（排队）时长，到达剑阁仓储中心的车辆排队时长均值为 1.14 小时，平均入库等待时长缩减 1.44 小时。剑门关收购点到达剑阁仓

# 第6章 基于收调存环节的烟叶精益物流关键指标实践研究

储中心的车辆入库等待（排队）时长均值为 1.90 小时，最长的排队时长达到 17.67 小时。通过对异常数据进行剔除，重新计算各个车次的平均入库（排队）时长，到达剑阁仓储中心的车辆排队时长均值为 1.39 小时，平均入库等待时长缩减 0.51 小时。这说明剑阁仓储中心的车辆排队时长存在进一步的提升空间。

笔者以超过 $\bar{x}+\sigma$ 的数据为异常值处理原则，剔除异常数据后，计算出平均入库等待（排队）时长，2020 年和 2021 年剑阁仓储中心烟包入库的等待时长优化分析见表 6.20 和表 6.21。

表 6.20 2020 年剑阁仓储中心烟包入库的等待时长优化分析

| 烟叶收购点 | 剑门关 | 汉阳 |
| --- | --- | --- |
| 平均入库等待（排队）时长（小时） | 2.05 | 0.31 |
| 最长入库等待时长（小时） | 48.8 | 5.21 |
| 剔除异常值后的平均入库等待（排队）时长（小时） | 0.02 | 0.06 |
| 平均入库等待（排队）时长缩减值（小时） | 2.03 | 0.25 |

表 6.21 2021 年剑阁仓储中心烟包入库的等待时长优化分析

| 烟叶收购点 | 剑门关 | 汉阳 |
| --- | --- | --- |
| 平均入库等待（排队）时长（小时） | 1.90 | 2.58 |
| 最长入库等待（排队）时长（小时） | 17.67 | 17.81 |
| 剔除异常值后的平均入库等待（排队）时长（小时） | 1.39 | 1.14 |
| 平均入库等待（排队）时长缩减值（小时） | 0.51 | 1.44 |

宜宾兴文县各试点烟包入库等待时长如图 6.73～图 6.75 所示。

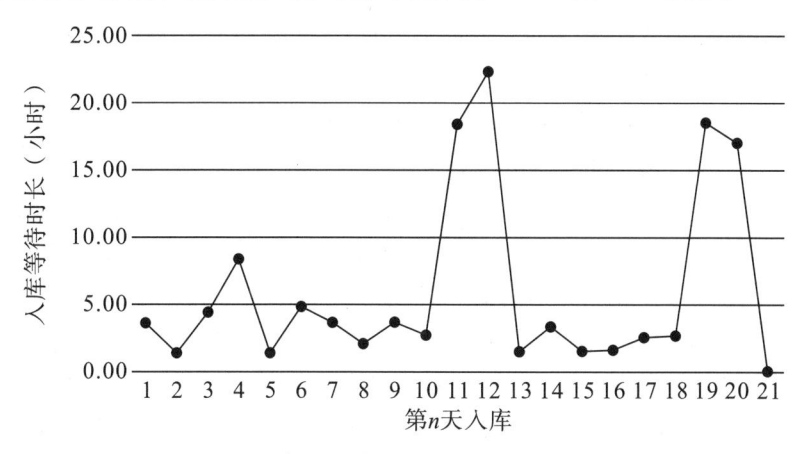

图 6.73 2020 年兴文仓储中心烟包入库等待时长曲线

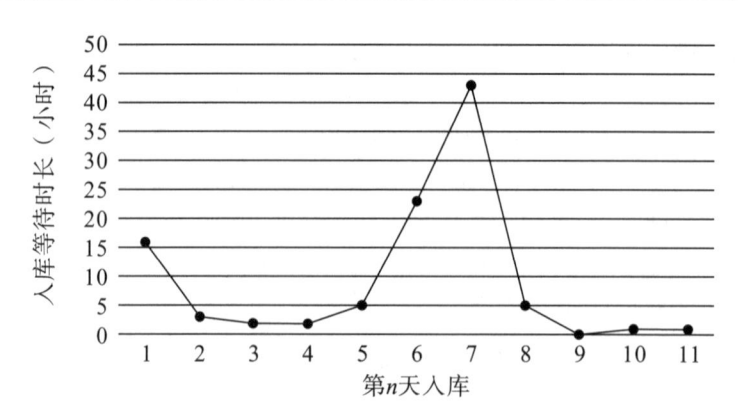

图 6.74　2021 年大坝烟包入库等待时长曲线

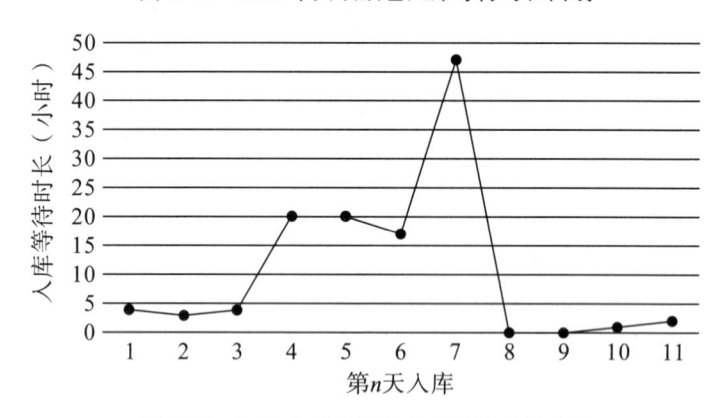

图 6.75　2021 年周家烟包入库等待时长曲线

2020 年，对运输大坝和周家收购点烟叶的车次在仓储中心的排队时长分析，得到运输兴文收购点烟叶的车次平均等待时长为 5.92 小时，剔除异常数据，计算出兴文收购点烟叶的车次平均排队时长为 2.51 小时，具体见表 6.22。

2021 年，大坝收购点烟包到达兴文仓储中心的车辆入库等待（排队）时长均值为 9.2 小时，最长的排队时长达 43 小时。通过对异常数据进行剔除，重新计算各个车次的平均入库等待（排队）时长，到达兴文仓储中心的车辆排队时长均值为 2.37 小时，平均入库等待时长缩减 6.83 小时。周家收购点烟包到达兴文仓储中心的车辆入库等待（排队）时长均值为 10.7 小时，最长的排队时长达 47 小时。通过对异常数据进行剔除，重新计算各个车次的平均入库等待（排队）时长，到达兴文仓储中心的车辆排队时长均值为 2 小时，平均入库等待时长缩减 8.7 小时。这说明兴文仓储中心的车辆排队时长存在进一步的提升空间，具体见表 6.23。

笔者以超过 $\bar{x}+\sigma$ 的数据为异常值处理原则，剔除异常数据后，计算出平均入库等待（排队）时长，2020年和2021年兴文仓储中心烟包入库的等待时长优化分析见表6.22和表6.23。

表6.22　2020年兴文仓储中心烟包入库的等待时长优化分析

| 烟叶收购点 | 兴文县 |
| --- | --- |
| 平均入库排队等待时长（小时） | 5.92 |
| 最高入库等待时长（小时） | 22.29 |
| 剔除异常值的总时长（小时） | 84.20 |
| 剔除异常值后的平均入库排队等待时长（小时） | 2.51 |

表6.23　2021年兴文仓储中心烟包入库的等待时长优化分析

| 烟叶收购点 | 大坝 | 周家 |
| --- | --- | --- |
| 平均入库等待（排队）时长（小时） | 9.2 | 10.7 |
| 最长入库等待（排队）时长（小时） | 43 | 47 |
| 最短入库等待（排队）时长（小时） | 0.02 | 0.02 |
| 剔除异常值后的平均入库等待（排队）时长（小时） | 2.37 | 2 |
| 平均入库等待（排队）时长缩减值（小时） | 6.83 | 8.7 |

## 6.5.5　各产区试点烟包入库质检时长

凉山德昌县各试点的烟包入库质检时长如下：

2020年，德昌仓储中心烟包平均入库质检时间为35.5小时，最长入库质检时间为201.7小时，最短入库质检时间为1.6小时，标准差为40。从总体上来看，烟包入库质检时长较为稳定，但还是存在一定的波动性，并且存在很大的异常数据，通过以 $\bar{x}+\sigma$ 为界限来划分异常数据，剔除异常数据后，烟包入库质检总时长均值为21.7小时，比原来入库质检总时长减少13.8小时，具体如图6.76和表6.24所示。

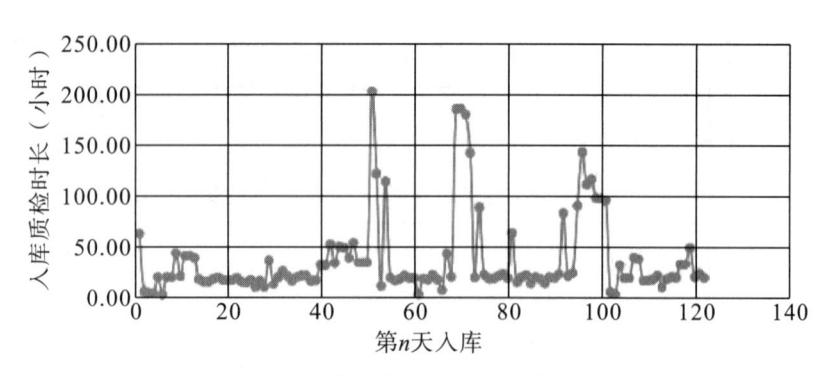

图 6.76　2020 年德昌仓储中心入库质检时长分析图

表 6.24　2020 年德昌仓储中心入库质检时长分析表

| 序号 | 均值 | 极大值 | 极小值 | 标准差 | $\bar{x}+\sigma$ | $\bar{x}-\sigma$ | 改善后均值 | 节省时间（小时）|
|---|---|---|---|---|---|---|---|---|
| 1 | 35.5 | 201.7 | 1.6 | 40.0 | 75.5 | −4.5 | 21.7 | 13.8 |

2021 年，德昌仓储中心烟包平均入库质检时间为 16.61 小时，最长入库质检时间为 112.30 小时，最短入库质检时间为 0.32 小时，标准差为 21.80。从总体上来看，存在一定的波动性，且有异常数据，通过以 $\bar{x}+\sigma$ 为界限来划分异常数据，剔除异常数据后，烟包入库质检总时长均值为 9.69 小时，比原来入库质检总时长减少 6.92 小时，具体如图 6.77 和表 6.25 所示。

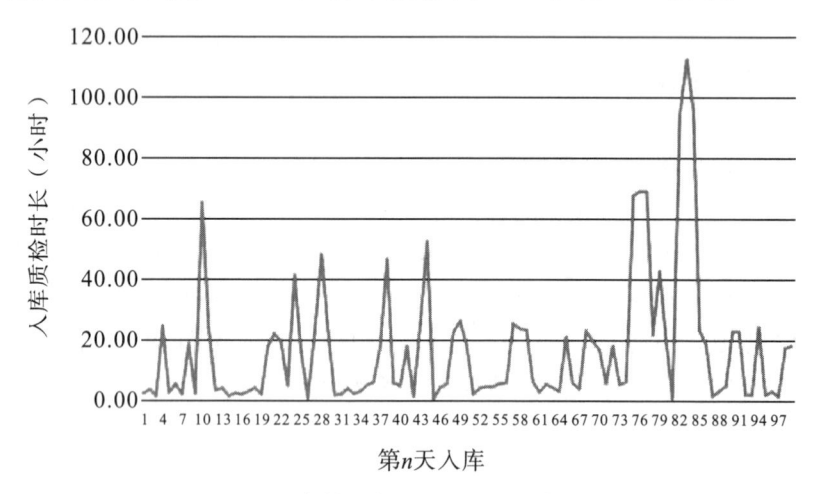

图 6.77　2021 年德昌仓储中心入库质检时长分析图

## 第6章 基于收调存环节的烟叶精益物流关键指标实践研究

**表6.25  2021年德昌仓储中心入库质检时长分析表**

| 序号 | 均值 | 极大值 | 极小值 | 标准差 | $\bar{x}+\sigma$ | $\bar{x}-\sigma$ | 改善后均值 | 节省时间（小时） |
|---|---|---|---|---|---|---|---|---|
| 1 | 16.61 | 112.30 | 0.32 | 21.80 | 38.41 | −5.19 | 9.69 | 6.92 |

2020年，剑门关收购点烟包到达仓储中心平均入库质检时长为33.48小时，最长入库质检时长为237.67小时，最短入库质检时长为0.85小时，标准差为52.22。从总体上来看，烟包入库质检时长较为稳定，但存在6个波动性较大的异常数据，通过剔除异常值重新计算时长，烟包入库总时长均值为10.37小时，比原来均值少23.11小时，具体如图6.78和表6.26所示。

汉阳收购点烟包到达仓储中心烟包平均入库质检时长为11.33小时，最长入库质检时长为150.33小时，最短入库质检时长为0.58小时，标准差为43.55。从总体上来看，烟包入库质检时长较为稳定，仅有1个波动性较大的异常数据，通过剔除异常值重新计算时长，烟包入库质检总时长均值为4.01小时，比原来均值少7.32小时，具体如图6.79和表6.26所示。

2021年，剑门关收购点烟包到达仓储中心平均入库质检时间为31.97小时，最长入库质检时间为88.82小时，最短入库质检时间为0.53小时，标准差为22.01。从总体上来看，数据存在一定的波动性，且有异常数据，通过以$\bar{x}+\sigma$为界限来划分异常数据，剔除异常数据后重新计算得出，烟包入库质检总时长均值为26.01小时，比原来入库质检总时长减少5.96小时。具体数据如图6.80和表6.27所示。

汉阳收购点烟包到达仓储中心平均入库质检时间为26.1小时，最长入库质检时间为118.02小时，最短入库质检时间为0.98小时，标准差为27.24。从总体上来看，数据存在一定的波动性，且有异常数据，通过以$\bar{x}+\sigma$为界限来划分异常数据，剔除异常数据后重新计算得到，烟包入库质检总时长均值为18.76小时，比原来入库质检总时长减少7.34小时。具体数据如图6.81和表6.27所示。

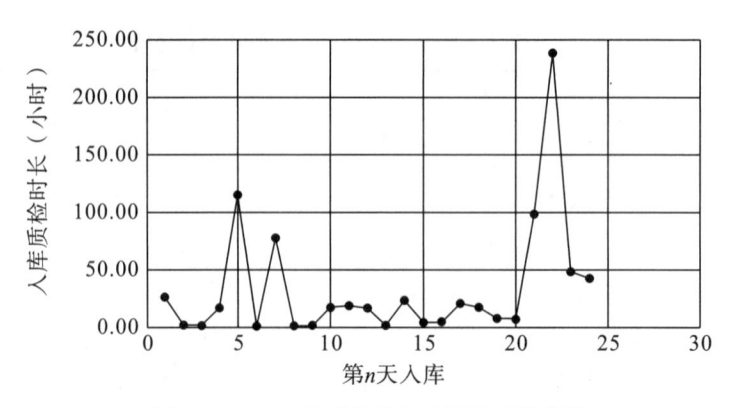

图 6.78　2020 年剑门关入库质检时长曲线

表 6.26　2020 年剑阁仓储中心烟包入库时长分析表

| 烟叶收购点 | 剑门关 | 汉阳 |
|---|---|---|
| 均值（小时） | 33.48 | 11.33 |
| 标准差（小时） | 52.22 | 32.215 |
| $\bar{x}+\sigma$（小时） | 85.70 | 43.55 |
| $\bar{x}-\sigma$（小时） | −18.74 | −20.88 |
| 最长时长（小时） | 237.67 | 150.33 |
| 最短时长（小时） | 0.85 | 0.58 |
| 剔除异常值后的均值 | 10.37 | 4.01 |
| 剔除异常值后的标准差 | 4.68 | 4.68 |
| 剔除异常值后的 $\bar{x}+\sigma$（小时） | 18.92 | 8.7 |
| 剔除异常值后的 $\bar{x}-\sigma$（小时） | 1.83 | −0.67 |
| 优化后节省时间（小时） | 23.11 | 7.32 |

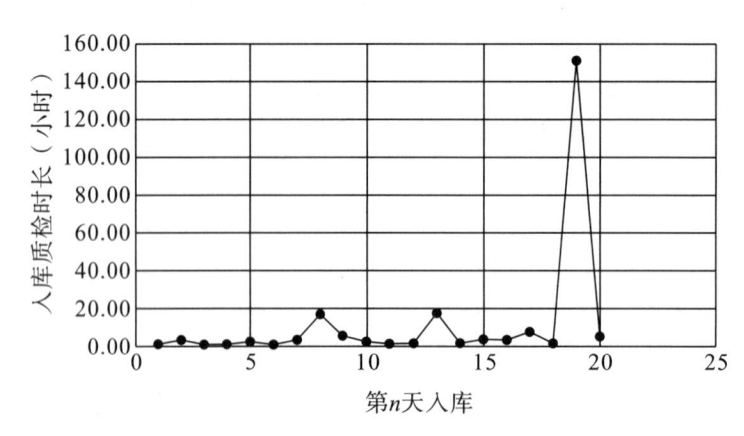

图 6.79　2020 年汉阳入库质检时长曲线

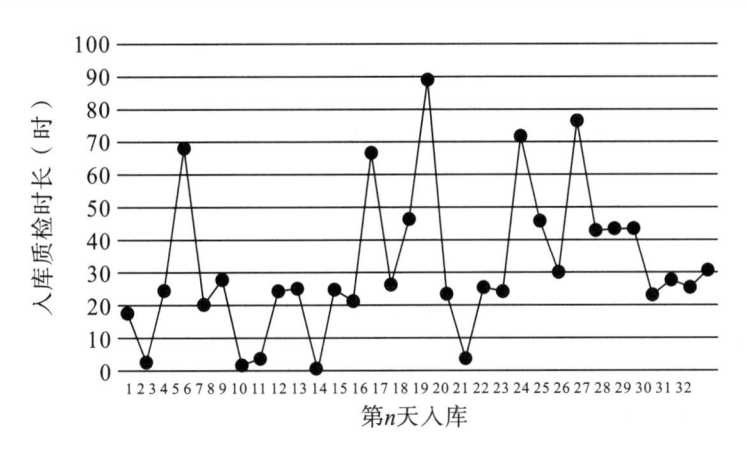

# 第6章　基于收调存环节的烟叶精益物流关键指标实践研究

图 6.80　2021 年剑门关入库质检时长曲线

表 6.27　2021 年剑阁仓储中心烟包入库时长分析表

| 序号 | 均值 | 极大值 | 极小值 | 标准差 | $\bar{x}+\sigma$ | $\bar{x}-\sigma$ | 改善后均值 | 节省时间（小时） |
|---|---|---|---|---|---|---|---|---|
| 剑门关 | 31.97 | 88.82 | 0.53 | 22.01 | 43.98 | 9.96 | 26.01 | 5.96 |
| 汉阳 | 26.10 | 118.02 | 0.98 | 27.24 | 53.34 | −1.15 | 18.76 | 7.34 |

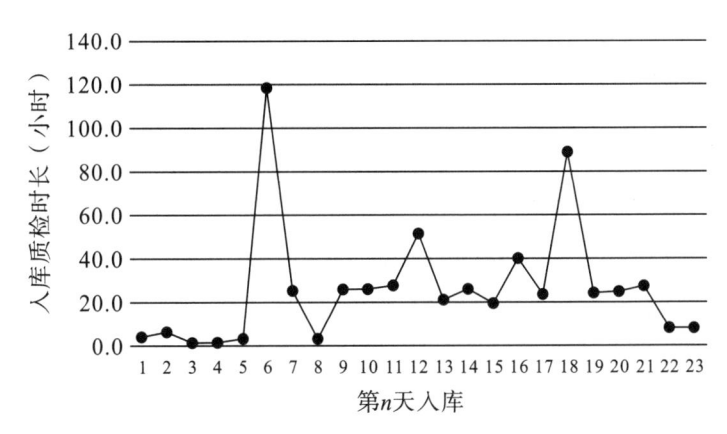

图 6.81　2021 年汉阳入库质检时长曲线

泸州叙永县各试点烟包质检时长具体情况如下：

2020 年，叙永烟包到达仓储中心平均入库质检时间为 183 小时，最长入库质检时间为 768 小时，最短入库质检时间为 0 小时，标准差为 208。从总体上来看，烟包入库存在一定的波动性，且有异常数据，通过以 $\bar{x}+\sigma$ 为界限来划分异常数据，剔除异常数据后重新计算得到，烟包入库质检总时长均值为

108 小时，比原来入库质检总时长减少 74.8 小时，具体如图 6.82 和表 6.28 所示。

2021 年，叙永烟包到达仓储中心平均入库质检时间为 44.54 小时，最长入库质检时间为 485.87 小时，最短入库到达时间为 16.59，标准差为 72.35。从总体上来看，数据存在一定的波动性，且有异常数据，通过以 $\bar{x}+\sigma$ 为界限来划分异常数据，剔除异常数据后重新计算得到，烟包入库质检总时长均值为 33.23 小时，比原来入库质检总时长均值减少 11.32 小时，具体如图 6.83 和表 6.29 所示。

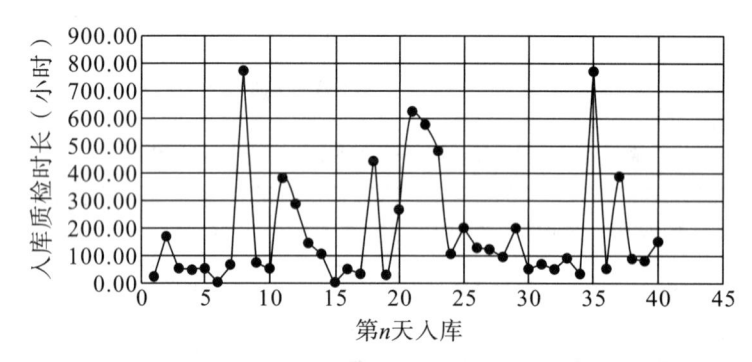

图 6.82　2020 年叙永烟包入库质检时长曲线

表 6.28　2020 年叙永仓储中心入库时长分析表

| 序号 | 均值 | 极大值 | 极小值 | 标准差 | $\bar{x}+\sigma$ | $\bar{x}-\sigma$ | 改善后均值 | 节省时间（时） |
| --- | --- | --- | --- | --- | --- | --- | --- | --- |
| 1 | 183 | 768 | 0 | 208 | 391 | −25 | 108 | 74.8 |

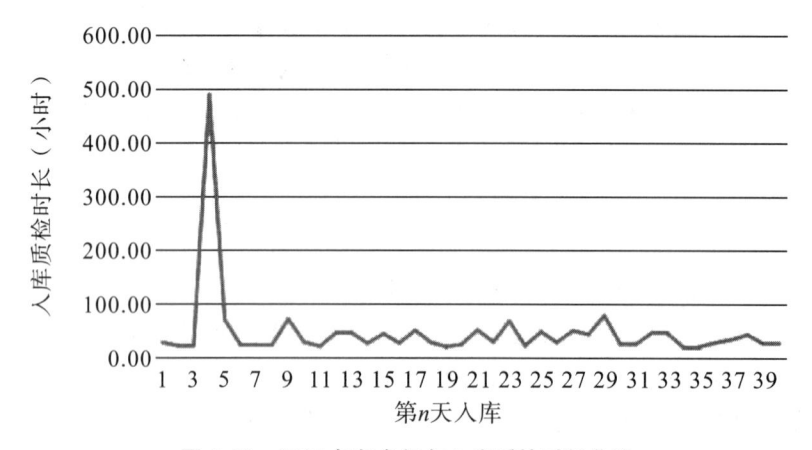

图 6.83　2021 年叙永烟包入库质检时长曲线

第 6 章　基于收调存环节的烟叶精益物流关键指标实践研究

表 6.29　2021 年叙永仓储中心烟包入库时长分析表

| 序号 | 均值 | 极大值 | 极小值 | 标准差 | $\bar{x}+\sigma$ | $\bar{x}-\sigma$ | 改善后均值 | 节省时间（小时） |
|---|---|---|---|---|---|---|---|---|
| 1 | 44.54 | 485.87 | 16.59 | 72.35 | 116.89 | −27.81 | 33.23 | 11.32 |

宜宾兴文仓储中心对试点收购点的烟包实行即到即入库的方式，故该项数据不存在。

## 6.6　对策建议

针对烟叶收调存等环节挖掘的问题，笔者有针对性地提出压缩烟叶收购期总时长、严格执行"快收快调"总准则、扎实推进运输定位跟踪系统、加快烟叶产业数字化发展和压实工作责任强化安全意识五个方面的对策建议。

### 6.6.1　探索压缩烟叶收购期总时长

本书认为 4 个烟叶产业区 11 个试点收购点的日收购平准度等级较低，原因在于各试点收购点日收购烟叶时仅把控不超 4％的上线要求，而未对下限进行合理设置。因此，通过梳理统计数据和运算，笔者设置了各试点收购点的日收购合理区间，A、B、C、D 产区收购时长分别至少累计节约 98 天、26 天、55 天和"16+"天，具体见表 6.30。其中，$D_1$ 收购点因出现 9 天日收购量超过 4％上线的要求，故将现行日收购均值确定为最低收购量。项目组人员在开展实地调研和相关人员座谈时了解到：烟农的履约能力是预约收购的关键制约因素。因此，笔者提出"峰值前置模式"，即收购期间开始时按照 2020 年度收购高峰期的日收购量进行收购，这要求各收购点负责人尝试探索做好烟农约时定点交付工作，如增加相应比例的每日交付烟农的户数、设置农户信用等级给予相应奖励等措施，以规避个别烟农因突发事件不能履约的情况。因此，在合理的日收购区间采用"峰值前置模式"进行收购，不仅可以提升各试点收购点的日收购平准度等级，还能有效压缩收购时长。

表 6.30　各烟叶产区试点收购点日收购量平准度优化分析

| 序号 | 收购点 | $A_1$ | $A_2$ | $A_3$ | $A_4$ | $B_1$ | $B_2$ | $C_1$ | $C_2$ | $C_3$ | $D_1$ | $D_2$ |
|---|---|---|---|---|---|---|---|---|---|---|---|---|
| 1 | 日收购均值 | 158 | 95 | 239 | 83 | 153.74 | 154.55 | 81 | 67 | 54 | 158.55 | 115.67 |
| 2 | 标准差 | 90 | 70 | 172 | 70 | 63.23 | 71.72 | 60 | 42 | 41 | 63.39 | 72.20 |
| 3 | $\bar{x}+\sigma$ | 248 | 165 | 411 | 153 | 216.98 | 226.27 | 141 | 109 | 94 | 221.94 | 187.88 |
| 4 | $\bar{x}-\sigma$ | 68 | 24 | 67 | 13 | 90.51 | 82.83 | 22 | 24 | 13 | 95.16 | 43.47 |
| 5 | 以最大偏差计算需要时间（天） | 41 | 32 | 36 | 32 | 31 | 29 | 27 | 28 | 26 | — | 27 |
| 6 | 节省时间（天） | 21 | 24 | 26 | 27 | 12 | 14 | 19 | 17 | 19 | — | 16 |
| 7 | 节省时间合计（天） | | | 98 | | | 26 | | 55 | | ≥16 | |
| 8 | 日收购合理区间（件） | [248, 403) | [165, 211) | [411, 593) | [153, 195) | [216, 264) | [226, 260) | [141, 182) | [109, 148) | [94, 118) | [158, 196) | [187, 198) |

第 6 章　基于收调存环节的烟叶精益物流关键指标实践研究

在探索压缩烟叶收购期总时长时，各试点收购点相关负责人务必坚守烟叶初检、分级、定级的工作红线，严控烟叶收购质量关，为烟叶及时调运、顺利入仓储夯实基础。此外，探索压缩烟叶收购期总时长是有效降低临聘人员费用支出的重要途径。

### 6.6.2　严格执行"快收快调"总准则

烟叶在试点收购点的在库时长过长，主要原因有以下两点：①烟叶日收购量不平准导致收购点烟叶数量不稳定；②烟叶调运时未严格执行"先进先出"和"快收快调"总准则。项目组认为，探索压缩收购期总时长，在设置合理日收购区间采用"峰值前置"预约收购模式可有效解决收购点烟叶收购数量不稳定的问题；在实现烟叶日收购量平准的情况下，试点收购点、仓储中心和县公司三者务必及时做好信息有效衔接工作，试点收购点必须与运输公司人员做好调运信息沟通工作，在调运烟叶时一定严格执行"先进先出""快收快调"总准则，确保烟叶在库时长在 3 天以内。

### 6.6.3　扎实推进运输定位跟踪系统

目前，各烟叶产业收购点的烟叶运输均采用第三方运输公司外包模式。为保障烟叶运输过程中的严控性与可视化的精准管理，项目组认为：必须强力推行每车烟叶运输定位跟踪系统，县公司设置专员负责监督运输车辆异常情况。基于现有的各物流信息跟踪技术（如 RFID 和 GPS 等），试点收购点负责人必须检查每辆烟叶运输车的物流跟踪技术放置情况，并与仓储中心工作人员和监督专员做好准确对接，确保每辆烟叶运输车次的出发、运输、到达实现可视化的精准管理。

### 6.6.4　全面加快烟叶产业数字化进程

《国民经济和社会经济发展第十四个五年规划和二〇三五年远景目标的建议》提出：推进数字产业化和产业数字化，推动数字经济与实体经济深度融合。因此，四川省烟叶应主动加速烟叶产业数字化发展进程，通过完善全流程信息系统的衔接与功能，建立"烟叶数字化平台"实现烟叶"播种、育苗、收割、烘烤、预约交售、收购（初检—专业化分级—定级—过磅—堆码—打包）、运输、入库、调拨交付"全过程的数字化管理。烟叶数字化平台不仅能监管全省烟叶收调存各环节的实时动态，而且能够对烟叶的种植、烘烤和调拨交付工业烟草的前后端实现精细化管理，更为重要的是它涵盖了烟叶生产、收购、运输、仓储和销售等业务流程的质量数据库，为解决痛点、提升未来烟叶生产效能提供重要依据。

县级仓储中心可充分利用"烟叶产业数字化平台"有效调度辖区内各收购点运输烟叶车辆的出发时间、到站时间，实现运输烟叶车辆排队次序最优化，不仅能够解决历年运输烟叶车辆排队等待时间长的难题，而且能够通过优化车辆排队次序以降低第三方运输公司的成本，提高与第三方运输公司的议价能力。

### 6.6.5　压实工作责任强化风险意识

烟叶收调存各环节的有效落实最终是依靠人力资源在相应岗位的认真工作来实现。鉴于烟草行业在我国属于较为特殊的垄断行业，烟叶收调存各环节的相关工作人员务必严格遵守工作岗位职责，强化风险防范意识，树立底线思维，保持工作定力，戒除麻痹思想、侥幸心理。建议将"四长一度"纳入烟叶收购考核体系中，激发各环节工作的积极性、主动性。因此，各县烟草公司必须做好每年度收购前的培训工作确保烟叶收购时的质量品质；各试点收购点负责人认真做好烟叶种植、烘烤与约时交售工作，全面负责本站点的统筹工作，监督、指导收购各环节的工作质量，严守烟叶质量关，及时沟通落实烟叶调运车辆到达、调运工作；县烟草公司和试点仓储中心工作人员应提高工作的前瞻性，认真做好年度烟叶入库数量的总体规划，与各收购点负责人及第三方运输公司负责人积极沟通，合理做好每个收购点的烟叶"收－调－运"计划，将烟叶运输车辆的入库等待时间降到最低，在保障烟叶质量的前提下降低烟叶质检时长。

# 第7章 总结与展望

## 7.1 领域的扩展

本书研究的是烟草公司烟叶产区收调存环节中精益物流改善质量主题,在研究过程中,对烟草物流、烟草精益物流、烟草精益物流评价体系各方面都进行了探索性的研究,大部分学者在对评价体系的思考中,更多的是倾向于烟草物流中心、烟草商业企业、卷烟物流中心等方向,研究烟叶产区收调存环节的文献较少。烟叶产区作为烟草公司主要管理范围,涉及供应链最上游的烟草生产、烟草收购、烟草调运和烟草储存等环节,是烟草公司每年着力进行精益物流改善的领域。近年来,各省市烟草公司都相继建立起了自己的烟草物流数据库,相对完善的数据也能够加快研究进程。因此,本书仅仅是一个开头,根据实地调研和丰富的数据,构建了四川省烟叶产区收调存环节精益物流改善质量评价体系,为后续研究这一领域的学者提供一个思考方向。

## 7.2 指标体系的扩展

本书构建的四川省烟叶产区收调存环节精益物流改善质量评价指标体系,是按照"1434"精益物流指标构建框架以及实地调研、访谈,并对相关文献进行研究得出的指标体系,指标体系深度遵循"四精"原则,同时参与实地调研,与四川省5个地市州的烟草物流从业人员共同探讨相应的指标构建。由于指标的选取更多的是针对四川省烟叶产业烟草收调存环节精益物流管理中遇到的现实难题,因此对其他省市可能仍然存在部分指标无法评价的问题。为了使评价指标体系能够在全国范围的烟叶产区适用,将来可以在此基础上进行更加深入的扩展,探索出更多可行的可供精益物流管理方面进行改善的指标,以及各个指标之间存在的关系，提出更加富有深度的烟叶产区收调存环节精益物流改善质量评价体系，以适合大多数不同烟叶产区收调存环节精益物流改善质量的评价。

# 参考文献

[1] 薄航. L 烟草物流中心精益物流运营管理体系研究［D］. 成都：成都理工大学，2015.

[2] 刘洋. 打造高水平供应链 服务行业高质量发展［N］. 东方烟草报，2020-12-21（1）.

[3] 马志超. 浅议烟草行业县级局专卖管理工作现状及对策建议［J］. 时代金融，2014（12）：243，253.

[4] 宗合. 2014 这样走过［N］. 东方烟草报，2015-1-15（1）.

[5] 阙锦沣. 烟草物流精益化管理意义及创建思路［J］. 中国经贸，2014（10）：80.

[6] 孟迪云，沈辉. 刍议中国烟草物流发展新趋势——精益物流［J］. 物流技术，2013，32（21）：34-35，353.

[7] 张鹏洲. 简析我国烟草物流发展现状及其"精益化管理"模式探究［J］. 中国商界，2010（6）：283.

[8] 赵巨峰. 烟草物流实施精益管理的意义及创建思路［J］. 中国物流与采购，2020（2）：44.

[9] 李光洋. 基于精益化理论烟草物流企业的现场管理研究［J］. 物流科技，2015，38（7）：83-85，91.

[10] 罗南松. 烟草企业精益物流管理方法和应用［J］. 物流工程与管理，2015，37（5）：66-67.

[11] Huo B N, Mu H. On construction of supply chain logistics in tobacco industry［J］. Acta Tabacaria Sinica，2014，20（2）：1-8.

[12] Qiu Y, Zhang D Y, Xie J C. Construction of lean logistics management system in tobacco industry［J］. Logistics Technology，2011，30（10）：138-140.

[13] Tian R X, Hu Y J. Construction of lean logistics evaluation system for

tobacco industry enterprises based on cloud model [J]. Modern Management,2020,10(4):498-510.

[14] 叶岚. 凉山州烟草精益物流体系构建分析 [J]. 东方企业文化, 2015 (3): 148-149.

[15] 张南. 烟草收购精益管理研究 [J]. 农家参谋, 2019 (1): 232.

[16] 迟宽良. 烟草专业化分级散叶收购规范化管理探讨 [J]. 现代农业科技, 2017 (23): 292-293.

[17] 韩占飞. 烟草物流精益化研究——以邯郸烟草物流管理为例 [J]. 物流科技, 2011, 34 (12): 129-130.

[18] 付秋芳. 福建省烟草业一体化供应链与物流治理模式探讨 [J]. 工业技术经济, 2007, 26 (11): 71-74, 96.

[19] Liu Y, Zeng H. Evaluation system for lean logistics in tobacco commercial enterprises [J]. Acta Tabacaria Sinica, 2015, 21 (4): 85-93.

[20] Wichaisri S, Sopadang A. Integrating sustainable development, lean, and logistics concepts into a lean sustainable logistics model [J]. International Journal of Logistics Systems and Management, 2017, 26 (1): 85.

[21] Jiang J, Su K. Management platform architecture of modern tobacco logistics based on internet of things technologies [M]. Berlin: Springer, 2013.

[22] 吴霁霖, 王茂春. 山区烟草商业企业精益物流评价指标体系构建 [J]. 物流技术, 2015, 34 (7): 57-59, 159.

[23] 张鹏洋. 烟草商业企业构建精益物流管理体系探讨 [C] //中国烟草学会 2016 年度优秀论文汇编——电子商务与物流主题中国烟草学会, 2016: 345-352.

[24] 刘研. 精益六西格玛模式下的第三方物流供应商的选择评价指标体系研究 [J]. 物流工程与管理, 2013, 35 (3): 46-48.

[25] 毕业, 聂新, 杨明, 等. 烟草商业系统精益物流评价指标体系研究——以湖北省为例 [J]. 物流工程与管理, 2014, 36 (11): 80-82, 71.

[26] 李才艺, 杨倜. 铜仁山区烟草精益物流绩效评价研究 [J]. 商, 2015 (14): 248-249.

[27] 蒋丽华, 张英华. 精益物流过程绩效评价研究 [J]. 财政研究, 2011 (5): 73-76.

[28] 付依良, 张喜, 曹伟, 等. 烟草商业企业构建"1434"精益物流体系研

究 [J]. 中外企业家，2012 (15)：174-179.

[29] 黄小敏. 山区烟草商业企业精益物流评价体系构建 [D]. 贵阳：贵州大学，2016.

[30] 张婷婷. 烟草精益物流成本评价体系研究 [D]. 济南：山东大学，2016.

[31] 罗欢. 烟草商业企业精益物流评价体系设计 [D]. 天津：天津大学，2017.

[32] 白岩. 层次分析法在烟草商业企业客户满意度评价中的应用 [J]. 今日财富，2020 (21)：89-91.

[33] 张吉军. 模糊层次分析法（FAHP）[J]. 模糊系统与数学，2000，14 (2)：80-88.

[34] 周宇. 基于模糊层次分析法的电信行业评分权重设置方法 [J]. 中国招标，2019 (48)：35-40.

[35] 李立新，刘琳，王强. 模糊灰色综合评价方法的构建及应用 [J]. 沈阳建筑大学学报（自然科学版），2008，24 (4)：577-580.

[36] 周兴慧，张吉军. 模糊矩阵的广义一致性变换及其性质 [J]. 模糊系统与数学，2011，25 (4)：137-142.

[37] 陈雯，张强. 第三方物流客户服务绩效灰色模糊评价模型 [J]. 模糊系统与数学，2007，21 (2)：148-154.

[38] 郭鹏，施品贵. 项目风险模糊灰色综合评价方法研究 [J]. 西安理工大学学报，2005，21 (1)：106-109.

[39] 冯俊霞. 精益管理 提质增效 [N]. 东方烟草报，2020-12-21 (2).

[40] 周德文. 创新驱动 提质增效 实现物流转型 [N]. 东方烟草报，2017-03-06 (3).

[41] 蒲适. 始终抓住精益管理三个关键点 [N]. 东方烟草报，2018-06-27 (3).

[42] 金菊良，魏一鸣，丁晶. 基于改进层次分析法的模糊综合评价模型 [J]. 水利学报，2004 (3)：65-70.

[43] 刘开第，庞彦军，金澜. 浅析模糊 AHP 中一致性检验的不必要性 [J]. 数学的实践与认识，2015，45 (14)：285-293.

[44] 刘子琦，郭炳晖，程臻，等. 基于熵值模糊层次分析法的科技战略评价 [J]. 计算机科学，2020，47 (Z1)：1-5.

[45] 毕鹤霞. 大数据下高校贫困生确认模型构建——基于"模糊综合评判法"与"模糊层次分析法"集成的实证研究 [J]. 高教探索, 2016 (8): 105-114.

[46] 徐泽水. 模糊互补判断矩阵排序的一种算法 [J]. 系统工程学报, 2001, 16 (4): 311-314.

[47] 徐泽水. 一种改进的模糊一致性判断矩阵构造方法 [J]. 应用数学与计算数学学报, 1997 (2): 62-67.

[48] 吕跃进. 基于模糊一致矩阵的模糊层次分析法的排序 [J]. 模糊系统与数学, 2002, 16 (2): 79-85.

[49] 赵晓芬. 灰色系统理论概述 [J]. 吉林省教育学院学报, 2011, 27 (3): 152-154.

[50] Abhijit B, Suman D, Dipankar D, et al. Dry sliding wear performance of Al7075/SiC composites by applying grey-fuzzy approach [J]. Silicon, 2021, 13 (10): 3665-3680.

[51] 刘思峰, 胡明礼, Forrest, 等. 灰色系统模型研究进展 [J]. 南京航空航天大学学报 (英文版), 2012, 29 (2): 103-111.

[52] 魏凤琴. 基于灰色模糊综合评价的建筑工程项目管理效果 [J]. 山西建筑, 2017, 43 (23): 239-240.